DEN PERFEKTE VEGANSKE KOGEBOG TIL EN FRITUREGRYDE

100 hurtige og nemme, sunde måltider til din Air Fryer

VICTORIA LÖFGREN

Copyright materiale ©2023

Alle rettigheder forbeholdes

Ingen del af denne bog må bruges eller transmitteres i nogen form eller på nogen måde uden korrekt skriftligt samtykke fra udgiveren og copyright-indehaveren, bortset fra korte citater, der er brugt i en anmeldelse. Denne bog bør ikke betragtes som en erstatning for medicinsk, juridisk eller anden professionel rådgivning.

INDHOLDSFORTEGNELSE

INDHOLDSFORTEGNELSE 3
INTRODUKTION 6
MORGENMAD OG BRUNCH 7
   1. NEM HJEMMELAVET GRANOLA 8
   2. SØDE KARTOFLER HASH 10
   3. DONUT HULLER 12
   4. GRUNDLÆGGENDE MORGENMADSKARTOFLER 14
   5. TEMPEH OG VEGGIE SCRAMBLE 16
   6. MORGENMAD (PANDE)KAGE 18
   7. SPINAT OMELET 20
   8. TEMPEH BACON 22
   9. BACON OG ÆG SANDWICH 24
   10. MISO-STIL GRØNTSAGER 26
FORRET OG SNACKS 28
   11. AIR FRYER SØDE KARTOFFELCHIPS 29
   12. AIR FRYER GRØNKÅLSCHIPS 31
   13. AIR FRYER FISKEPINDE 33
   14. ÆBLECHIPS 35
   15. AIR FRYER RISTET EDAMAME 37
   16. AIR-STEGTE KRYDREDE ÆBLER 39
   17. SLIDER OG BACON BLOODY MARYS 41
   18. GRØNTSAGSÆGGERULLER 43
   19. BARBECUE KARTOFFELCHIPS 45
   20. SOY CURL FRIES 47
   21. KRYDREDE POMMES FRITES 49
   22. JALAPEÑO POPPERS 51
   23. SPICY MAC 'N' CHEESE BALLS 53
   24. STEGTE GRØNTSAGSWONTONS 56
   25. KRYDRET SOJA-DYPPESAUCE 58
   26. STEGT AVOCADO 60
   27. BEANY JACKFRUIT TAQUITOS 62
   28. LUFTSTEGTE KRINGLER 64
   29. STEGT TOFU MED JORDNØDDESAUCE 67
   30. PANEREDE SVAMPE 69
   31. VEGANSKE VINGER 71
   32. RISTEDE GRILLKIKÆRTER 73
   33. BALSAMICO URTETOMATER 75
   34. PASTINAK FRIES 77
   35. BØFFEL BLOMKÅL 79
   36. OSTEAGTIG DILD POLENTA BITES 81

37. Ristede rosenkål 84
38. Ristet Acorn Squash 86
39. Tamari Squash frø 88
40. Løgringe 90
41. Maple Butternut Squash 92
42. Grønkålschips 94
43. Stegte grønne tomater 96
44. Aubergine parmesan 98
45. Blandede grøntsagsfritter 100
46. Osteagtige kartoffelbåde 102
47. Hasselback kartofler 104
48. Poutine 106
49. Søde kartoffel pommes frites 108
50. Umami Fries 110

HOVEDRET _ 112

51. Rødbeder med Orange Gremolata 113
52. Laks med balsamico spinat 115
53. Hvidløg-urter Fried Patty Pan Squash 117
54. Svampebøffer 119
55. Svampe hvidbønnesovs 121
56. Grønkål og kartoffelnuggets 123
57. Grundlæggende luftstegt tofu 125
58. Mongolsk Tofu 127
59. Tofu med sesamskorpe 129
60. Sambal Goreng Tempeh 131
61. Tempeh Kabobs 133
62. Bagte Gigante bønner 135
63. Personlige pizzaer 137
64. Stegte hotdogs 139
65. Majshunde 141
66. Fyldte bagte kartofler 144
67. Stegte grønne bønner og bacon 146
68. Bagt spaghetti 148
69. Kødkugler 150
70. Bagt Chick'n-Style Seitan 152
71. Tør Seitan Mix 154
72. Chick'n-Fried Steak 156
73. Chick'n Pot Pie 159
74. Stegt Tacos 162
75. Gourmet grillet ost 164
76. Ristede kikærter og broccoli 166
77. Seitan Fajitas 168
78. Taco salat 170
79. Tempeh Fried Rice 172

80. Soy Curl Kimchee Forårsruller 174
81. Lasagne gryderet 176
82. Kartofler, spirer og sojakrøller 178
83. Calzone 180
84. Stegte Sushi ruller 182

SERVICE 184

85. Air Fryer Blomkål 185
86. Jicama Fries 187
87. Grøntsags Kabobs 189
88. Spaghetti squash 191
89. Agurk Quinoa salat 193
90. Lime kartofler 195
91. Auberginer i asiatisk stil 197
92. Krydrede grønne bønner i kinesisk stil 199
93. Aubergine og Zucchini-blanding med urter 201
94. Kogt Bok Choy 203

DESSERT 205

95. Frugt Crumble 206
96. Lommer til frugtbagværk 208
97. Bagte æbler 210
98. Karamelliseret frugt-og-nødder topping 212
99. Fried Ginger-O's 214
100. Æbletærte Tacuitos 216

KONKLUSION 218

INTRODUKTION

Velkommen til "Den perfekte veganske kogebog til en frituregryde" din foretrukne ressource for 100 hurtige og nemme, sunde måltider, der vil løfte din luftfritureoplevelse. Denne kogebog er en fejring af plantebaseret lækkerhed, der inviterer dig til at udforske alsidigheden og bekvemmeligheden ved airfryeren til at lave sunde veganske måltider. Uanset om du er en erfaren vegansk kok eller ny til den plantebaserede livsstil, er disse opskrifter lavet til at inspirere dig til at skabe smagfulde og nærende retter med kraften fra din airfryer.

Forestil dig et køkken fyldt med de sydende lyde fra din airfryer, den lokkende aroma af perfekt sprøde grøntsager og glæden ved at vide, at du laver måltider, der ikke kun er lækre, men også nærende. "Den perfekte veganske kogebog til en frituregryde" er mere end blot en samling af opskrifter; det er en guide til at gøre plantebaseret madlavning tilgængelig, effektiv og utrolig velsmagende. Uanset om du har lyst til sprøde snacks, solide hovedretter eller lækre desserter, er denne kogebog dit pas til vegansk kulinarisk ekspertise med airfryerens magi.

Fra klassiske luftstegte grøntsager til innovative plantebaserede burgere og skyldfrie desserter, hver opskrift er en fejring af de sundhedsbevidste og smagsfyldte muligheder, som airfryeren bringer til dit køkken. Uanset om du laver mad til dig selv, din familie eller underholder gæster, vil disse hurtige og nemme opskrifter fremvise den lækre verden af vegansk luftstegt køkken.

Slut dig til os, når vi begiver os ud på et kulinarisk eventyr gennem "Den perfekte veganske kogebog til en frituregryde", hvor hver kreation er et vidnesbyrd om enkelheden, sundheden og lækkerheden ved plantebaserede luftstegte lækkerier. Så fyr op i din airfryer, omfavn letheden ved vegansk madlavning, og lad os dykke ned i 100 hurtige og nemme, sunde måltider, der vil tilfredsstille dine smagsløg og nære din krop.

MORGENMAD OG BRUNCH

1. Nem hjemmelavet granola

INGREDIENSER:
- 2 kopper (220 g) pekannødder, hakket
- 1 kop (85 g) kokosnød
- 1 kop (122 g) skårne mandler
- 1 tsk (2,6 g) kanel
- 1 spiseskefuld (18 g) kokosoliespray

INSTRUKTIONER:
a) I en stor skål blandes pekannødder, kokosflager, skivede mandler og stødt kanel.
b) Dug let med kokosoliespray, vend og dug let igen.
c) Beklæd airfryer-kurven med bagepapir.
d) Hæld blandingen i kurven.
e) Kog ved 160ºC i 4 minutter, vend og kog i 3 minutter mere.

2.Søde kartofler Hash

INGREDIENSER:
- 450 gram søde kartofler
- 1/2 hvidløg, i tern
- 3 spiseskefulde olivenolie
- 1 tsk røget paprika
- 1/4 tsk spidskommen
- 1/3 tsk stødt gurkemeje
- 1/4 tsk hvidløgssalt
- 1 kop guacamole

INSTRUKTIONER:
a) Forvarm enheden ved at vælge AIR FRY-tilstand i 3 minutter ved 325 grader F.
b) Vælg START/PAUSE for at starte forvarmningsprocessen.
c) Når forvarmningen er færdig, skal du trykke på START/PAUSE.
d) Skræl og skær kartoflerne i tern.
e) Overfør nu kartoflerne til en skål og tilsæt olie, hvidløg, spidskommen, paprika, gurkemeje og hvidløgssalt.
f) Læg denne blanding i Air Fryer-kurven.
g) Indstil den til AIR FRY-tilstand i 10 minutter ved 390 grader F.
h) Tag derefter kurven ud og ryst dem godt.
i) Indstil derefter tiden igen til 15 minutter ved 390 grader F.

3. Donut huller

INGREDIENSER:
- 2 spsk koldt mælkefrit smør
- 1/2 kop plus 2 spsk kokossukker, delt
- 1 spsk Ener-G-æggeerstatningspulver eller din foretrukne veganske æggeblommerstatning
- 2 spsk vand
- 2 1/4 kopper ubleget universalmel
- 1 1/2 tsk bagepulver
- 1 tsk salt
- 1/2 kop almindelig yoghurt eller vaniljefri yoghurt
- 1 til 2 spritzes rapsolie
- 1 tsk stødt kanel

INSTRUKTIONER:
a) I en stor skål kombineres smøret og 1/2 kop sukker og blandes godt med hænderne, indtil der dannes klumper.
b) I en lille skål eller kop piskes æg-erstatningen med vandet. Tilsæt det til smør og sukker og bland godt. Sæt til side.
c) I en mellemstor skål kombineres mel, bagepulver og salt.
d) Tilsæt melblandingen til smørblandingen og bland godt. Fold yoghurten i. Bland indtil en dej er dannet.
e) Rul dejstykker til 18 (1-tommer) kugler og arranger dem på en stor bageplade eller et stykke bagepapir.
f) Smør airfryeren med olie. Forvarm airfryeren til 360°F i 3 minutter. Overfør doughnut-hullerne til airfryer-kurven. Kog i 8 minutter, ryst halvvejs gennem tilberedningstiden.
g) Bland de resterende 2 spsk sukker og kanel på en tallerken. Rul de varme doughnut-huller let i kanelsukkeret, før du overfører dem til en bagerist for at køle af.

4. Grundlæggende morgenmadskartofler

INGREDIENSER:
- 2 store røde eller rødbrune kartofler, skrubbede
- 1 lille gult løg, skåret i halvmåneskiver (skær løget i to på langs, og skær derefter langs løgets linje)
- 1 tsk ekstra jomfru olivenolie eller rapsolie
- 1/2 tsk havsalt (valgfrit)
- 1/4 tsk sort peber

INSTRUKTIONER:
a) Forvarm airfryeren til 360°F i 3 minutter. Riv kartoflerne i en foodprocessor eller med en ostehøvl ved at bruge de store huller.
b) Overfør de revne kartofler og løg til en mellemstor skål. Tilsæt olie, salt (hvis du bruger) og peber. Kast med en tang til at belægge.
c) Overfør til airfryer-kurven. Kog i 12 til 15 minutter, eller indtil gyldenbrun, ryst hvert 3. minut. Serveres varm.

5.Tempeh og Veggie Scramble

INGREDIENSER:
- 8 ounce tempeh
- 2 fed hvidløg, hakket
- 1 tsk stødt gurkemeje
- 1 tsk stødt spidskommen
- 1/2 tsk chilipulver
- 1/2 tsk sort salt
- 1/4 til 1/2 kop grøntsagsbouillon med lavt natriumindhold
- 1 til 2 spritser ekstra jomfru olivenolie
- 1 kop grofthakkede cremini-svampe (eller din yndlingssvamp)
- 1 lille rødløg i kvarte
- 1/2 kop grofthakket peberfrugt (en hvilken som helst farve)
- 1/2 kop kirsebær- eller vindruetomater i skiver

INSTRUKTIONER:
a) Damp tempen i 10 minutter. (Dette trin er valgfrit, men jeg er en stor fan af at dampe tempeh på forhånd for at hjælpe den med at absorbere marinade, tæmme dens bitterhed og blødgøre dens tekstur lidt.) Skær tempeh i 12 lige store tern.
b) I en lav skål kombineres hvidløg, gurkemeje, spidskommen, chilipulver, sort salt og bouillon. Tilsæt den dampede tempeh og mariner i minimum 30 minutter eller op til natten over.
c) Spray airfryer-kurven med olie (tør alternativt kurven af med olie). Dræn tempeen og kom den i airfryer-kurven. Tilsæt champignon, løg og peberfrugt.
d) Kog ved 330°F i 10 minutter. Tilsæt tomaterne, øg varmen til 390°F, og kog 3 minutter mere.
e) Serverer: 4
f) No-Oil Option: Udelad olivenolien og ryst ofte for at undgå at klæbe.

6.Morgenmad (pande)kage

INGREDIENSER:
- 1/2 kop ubleget universalmel
- 2 spsk kokossukker eller perlesukker
- 1 spsk bagepulver
- 1 til 2 knivspids havsalt
- 1/2 kop sojamælk eller anden mælkefri mælk
- 1 spsk æblemos
- 1/4 tsk vaniljeekstrakt
- 1 til 2 sprøjt ekstra jomfru olivenolie spray

INSTRUKTIONER:
a) Bland mel, sukker, bagepulver og salt i en røreskål. Pisk langsomt mælk, æblemos og vaniljeekstrakt i.
b) Forvarm airfryeren til 330°F i 3 minutter. Smør en 8-tommer springform (eller et ovnsikkert fad efter eget valg) med olivenoliespray.
c) Hæld dejen i den forberedte gryde. Kog ved 330°F i 10 minutter. Tjek for færdighed ved at indsætte en tandstikker i midten - den skal komme tør ud. Kog i yderligere 2 til 4 minutter efter behov.
d) Serverer: 2
e) No-Oil Option: Udelad olivenolien og læg bageformen med bagepapir (intet papir må blotlægges).
f) Dobbelt eller tredobbelt denne opskrift og opbevar dejen i en lufttæt beholder (en murerkrukke er fantastisk) i køleskabet. Du er klar til at klare det igen næste dag!

7.Spinat omelet

INGREDIENSER:
- 1 kop iskoldt vand
- 4 spiseskefulde Follow Your Heart VeganEgg
- 2 spsk kikærtemel
- 1/4 tsk sort salt
- 1 tsk Vegan Magic eller DIY "Vegan Magic"
- 1/2 kop finthakket rød peberfrugt
- 1/2 kop finthakket gult løg
- Friskkværnet sort peber
- 2 kopper løst pakket babyspinat

INSTRUKTIONER:
a) Kom vand, VeganEgg, mel og salt i blenderen og blend, indtil det er glat. Sæt til side.
b) Tilføj Vegan Magic til en bradepande, der passer ind i din airfryer. Placer bradepanden i airfryeren og forvarm til 390°F i 3 minutter.
c) Hæld omeletblandingen i bradepanden og kog i 2 minutter ved 390°F. Tilsæt peberfrugt og løg, klap dem ind i omeletblandingen, og kog i 3 minutter længere.
d) Sæt maskinen på pause for at tilføje peber og spinat til omeletten. Fold omeletten på midten og kog i 5 minutter mere ved 390°F. Skær i 2 portioner:.

8. Tempeh Bacon

INGREDIENSER:
- 8 ounce tempeh
- 2 spsk ahornsirup
- 1 tsk avocadoolie eller ekstra jomfru olivenolie
- 1/2 tsk vegansk Worcestershire sauce, tamari eller sojasauce
- 1/8 tsk flydende røg
- 1/2 tsk cayennepeber

INSTRUKTIONER:
a) Damp tempen i 10 minutter. (Dette trin er valgfrit, men for at se hvorfor jeg anbefaler det, se her .) Overfør tempeh til en lav skål.
b) I en lille skål, kombiner ahornsirup, olie, Worcestershire-sauce, flydende røg og cayenne, og pisk indtil godt blandet. Hæld marinaden over tempeh og mariner i mindst 1 time (natten er bedre).
c) Læg tempeh-skiverne i airfryer-kurven. Kog i 10 minutter ved 330°F. Ryst efter 5 minutter. Øg varmen til 390°F og kog i 3 minutter længere.
d) Serverer: 8 stk
e) No-Oil Option: Udelad avocadoolien.

9. Bacon og æg sandwich

INGREDIENSER:
- 1 (16-ounce) pakke ekstra fast tofu
- 1/2 kop sojamælk
- 1/4 kop plus 2 spsk ernæringsgær
- 2 tsk plus 1 tsk malet gurkemeje
- 1 tsk hvidløgspulver
- 1/2 tsk sort salt
- 3 spsk ubleget universalmel
- 1 spsk kartoffelstivelse
- 2 til 4 spritzes rapsolie spray
- 4 strimler Tempeh Bacon eller vegansk bacon fra butik
- 4 stegte kiks eller veganske kiks købt i butikken

INSTRUKTIONER:
a) Dræn og pres tofuen.
b) Skær tofuen i 4 lige store stykker. Skær derefter hvert stykke i halve, til i alt 8 skiver.
c) I en lille skål piskes mælk, næringsgær, gurkemeje, hvidløgspulver og sort salt sammen, indtil det er kombineret. Sæt til side.
d) Bland mel og kartoffelstivelse sammen på en stor tallerken til uddybning. Dyp hvert stykke tofu i mælkeblandingen. Smør derefter hvert stykke let med melblandingen.
e) Spray airfryer-kurven med rapsolien. Læg de overtrukne stykker tofu i kurven og spray let toppen af tofuen. Kog ved 360°F i 6 minutter. Vend tofuskiverne og kog i 6 minutter længere. Læg to tofuæg og et stykke vegansk bacon på hver kiks.
f) Serverer: 4
g) Variation: Brug spinatomelet som et alternativ til tofuæggene.
h) No-Oil Option: Start med bagepapir eller folie i de første 5 minutter af madlavningen. Vær omhyggelig med at belægge tofu-stykkerne meget let med mel- og stivelsesblandingen, du kan ende med hvide pletter af mel i stedet for et jævnt gyldenbrunt ydre.

10. Miso-stil grøntsager

INGREDIENSER:
- 1 spsk hvid miso
- 2 spsk sojasovs
- 2 spsk riseddike
- 1 tsk sesamolie (valgfrit)
- 2 kopper finthakkede gulerødder
- 2 kopper broccolibuketter
- 1/2 kop finthakket daikon radise

INSTRUKTIONER:
a) I en lille skål kombineres miso, sojasovs, eddike og sesamolie (hvis du bruger). Bland godt.
b) Kombiner gulerødder, broccoli og daikon i en stor røreskål. Hæld misoblandingen over grøntsagerne og vend med en tang for at dække det helt. Forvarm airfryeren til 330°F i 5 minutter.
c) Overfør grøntsagerne til airfryer-kurven og kog i 25 minutter, ryst hvert 5. minut.

FORRET OG SNACKS

11.Air Fryer søde kartoffelchips

INGREDIENSER:
- 1½ kop søde kartofler
- 2 mellemstore søde kartofler
- 1 spsk ekstra jomfru olivenolie
- 2 spsk økologisk brun farin lys eller mørk kan bruges
- 2 tsk chilipulver
- 1 tsk stødt spidskommen
- ½ tsk salt

INSTRUKTIONER:
a) Skær søde kartofler i tynde skiver.
b) Vend i en skål med olien, så hver sød kartoffelskive er let belagt. Du kan bruge dine hænder, hvis du vil.
c) Bland brun farin, chilipulver, spidskommen og salt i en lille skål.
d) Hvis der er kommet vand ud af de søde kartofler, mens de har siddet, så kan du dryppe det af.
e) Drys krydderiblandingen over de søde kartofler og vend, så hver skive har krydderier på. De er let belagte som på billedet ovenfor.
f) Læg søde kartofler i et enkelt lag i airfryeren ved at røre ved eller overlappe en lille smule. Hvis du har en rørearm i din airfryer, som skal fjernes.
g) Air Fry ved 180°C (356°F) i 6 til 9 minutter afhængigt af hvor tynde dine skiver er.
h) Ryst kurven halvvejs igennem eller rør let rundt for at få dem væk fra bunden af airfryerbunden.
i) Når du er færdig, fjern chipsene på en rist og lad dem køle af. De bliver sprødere, når de afkøles.
j) Færdig og spis eller opbevar i en lufttæt beholder.

12. Air Fryer Grønkålschips

INGREDIENSER:
- 1 portion grønkål, vasket og duppet tør
- 2 tsk olivenolie
- 1 spsk næringsgær
- ¼ tsk havsalt
- 1/8 tsk stødt sort peber

INSTRUKTIONER:
a) Fjern bladene fra grønkålens stilke og læg dem i en mellemstor skål.
b) Tilsæt olivenolie, næringsgær, salt og peber. Brug dine hænder til at massere toppingen ind i grønkålsbladene.
c) Hæld grønkålen i kurven på din airfryer og kog ved 390 grader F i 67 minutter, eller indtil de er sprøde.
d) Serveres lun eller ved stuetemperatur.

13. Air Fryer fiskepinde

INGREDIENSER:
- 1 lb. hvid fisk såsom torsk
- ¼ kop mayonnaise
- 2 spsk dijonsennep
- 2 spsk vand
- 1 ½ kop flæskesvær panko såsom Pork King Good
- ¾ tsk Cajun krydderi
- Salt og peber efter smag

INSTRUKTIONER:
a) Spray airfryer-stativet med nonstick-spray.
b) Dup fisken tør og skær den i stave på ca. 1 tomme gange 2 cm brede.
c) I en lille lav skål piskes mayo, sennep og vand sammen. I en anden lav skål piskes flæskesværene og Cajun-krydderierne sammen.
d) Tilsæt salt og peber efter smag.
e) Arbejd med et stykke fisk ad gangen, dyp i mayoblandingen for at belægge og tap derefter det overskydende af.
f) Dyp i flæskesværblandingen og vend til belægning. Placer på airfryer-stativet.
g) Indstil til Air Fry ved 400F og bag i 5 minutter, vend fiskepindene med en tang og bag yderligere 5 minutter. Server straks.

14. Æblechips

INGREDIENSER:
- 2 æbler, skåret i tynde skiver
- 2 tsk granuleret sukker
- 1/2 tsk kanel

INSTRUKTIONER:
a) I en stor skål smid æble med kanel og sukker. Arbejd i partier, læg æbler i et enkelt lag i kurven på airfryeren (noget overlapning er okay).
b) Bages ved 350° i cirka 12 minutter, vend hvert 4. minut.

15. Air Fryer ristet Edamame

INGREDIENSER:
- 2 kopper Edamame eller frossen Edamame
- Olivenolie spray
- Hvidløgssalt

INSTRUKTIONER:
a) Læg edamame i airfryer-kurven, denne kan være frisk eller frossen.
b) Overtræk med olivenoliespray og et skvæt hvidløgssalt.
c) Air Fry ved 390 grader i 10 minutter.
d) Rør om halvvejs i kogetiden, hvis det foretrækkes. For en sprød, ristet smag luftsteg i yderligere 5 minutter.
e) Tjene.

16.A ir-stegte krydrede æbler

INGREDIENSER:
- 4 små æbler i skiver
- 2 spsk kokosolie, smeltet
- 2 spsk sukker
- 1 tsk æblekagekrydderi

INSTRUKTIONER:
a) Læg æblerne i en skål. Dryp med kokosolie og drys med sukker og æbletærtekrydderi. Rør rundt for at dække æblerne jævnt.
b) Læg æblerne i en lille gryde, der er lavet til airfryers, og læg det derefter i kurven.
c) Indstil airfryeren til 350° i 10 minutter. Gennembor æblerne med en gaffel for at sikre, at de er møre.
d) Sæt om nødvendigt tilbage i airfryeren i yderligere 3-5 minutter.

17. Slider og Bacon Bloody Marys

INGREDIENSER:
- 2 (1/2 tomme tykke) skiver Gimme mager pølse eller bagt Chick'n-Style Seitan
- 2 skiver Tempeh Bacon eller vegansk bacon fra butik
- 6 til 8 ounce vegansk Bloody Mary-blanding
- 2 til 4 ounce vodka (valgfrit)
- 2 ribben selleri
- 2 veganske slider buns
- 2 til 4 udstenede grønne oliven eller limeskiver (valgfrit)
- 2 søde eller dild pickle skiver eller cherrytomater (valgfrit)

INSTRUKTIONER:

a) Læg pølseskiverne i airfryer-kurven. Tilsæt bacon. Kog ved 370°F i 6 minutter.

b) Brug Bloody Mary-blandingen og vodka (hvis du bruger) til at blande din yndlingsvoksne eller jomfru Bloody Mary. Sørg for at bruge et glas, der rummer mindst 12 ounce væske (en murerkrukke er en sjov mulighed). Tilføj en ribben selleri til hver drink.

c) Saml de kogte pølser på slider buns og gennembor dem med et spyd. Hvis du bruger oliven og pickles, tilsæt dem også til spyddene. Placer spyddene i hver drink, og læg dem på kanterne af glassene. Tilføj en kogt baconstrimmel til hver Bloody Mary.

18.Grøntsagsæggeruller

INGREDIENSER:
- 1 til 2 teskefulde rapsolie
- 1 kop revet kål
- 1 kop revet gulerødder
- 1 kop bønnespirer
- 1/2 kop finthakkede svampe (enhver type)
- 1/2 kop skåret spidskål
- 2 tsk chilipasta
- 1/2 tsk malet ingefær
- 1/4 kop sojasovs med lavt natriumindhold eller tamari
- 2 tsk kartoffelstivelse
- 8 veganske æggerull-indpakninger

INSTRUKTIONER:

a) I en stor stegepande opvarmes olien over medium-høj varme. Tilsæt kål, gulerødder, bønnespirer, svampe, spidskål, chilipasta og ingefær. Sauter i 3 minutter.

b) I en lille skål eller et målebæger piskes sojasovsen og kartoffelstivelsen sammen. Hæld denne blanding i gryden og kombiner med grøntsagerne.

c) Læg æggerullerne ud på en arbejdsflade. Børst let kanterne med vand. Placer 1/4 kop af fyldet i den ene ende af indpakningen. Begynd at rulle indpakningen over grøntsagerne, og stik enderne ind efter den første rulle. Gentag denne proces med de resterende indpakninger og fyldet.

d) Overfør æggerullerne til airfryer-kurven. Kog ved 360°F i 6 minutter, mens du ryster halvvejs i tilberedningstiden.

19.Barbecue kartoffelchips

INGREDIENSER:
- 1 stor rødbrun kartoffel
- 1 tsk paprika
- 1/2 tsk hvidløgssalt
- 1/4 tsk sukker
- 1/4 tsk løgpulver
- 1/4 tsk chipotlepulver eller chilipulver
- 1/8 tsk havsalt
- 1/8 tsk malet sennep
- 1/8 tsk cayennepeber
- 1 tsk rapsolie
- 1/8 tsk flydende røg

INSTRUKTIONER:

a) Vask og skræl kartoflen. Skær i tynde, 1/10-tommers skiver; overvej at bruge en mandolinskærer eller skærekniven i en foodprocessor for at opnå ensartede skiver.

b) Fyld en stor skål med 3 til 4 kopper meget koldt vand. Overfør kartoffelskiverne til skålen og læg dem i blød i 20 minutter.

c) Kombiner hvidløgssalt, sukker, løgpulver, chipotlepulver, havsalt, sennep og cayenne i en lille skål.

d) Skyl og afdryp kartoffelskiverne og dup dem tørre med køkkenrulle. Overfør dem til en stor skål. Tilsæt olie, flydende røg og krydderiblanding til skålen. Kast til belægning. Overfør kartoflerne til airfryer-kurven.

e) Kog ved 390°F i 20 minutter. Ryst hvert 5. minut for at holde øje med fremskridtene. Du vil have brune, men ikke brændte, chips. Spis disse med det samme!

20. Soy Curl Fries

INGREDIENSER:
- 1 kop tørre sojakrøller
- 1 kop varm vegansk kyllingebouillon
- 1/2 tsk chilipulver
- 1 tsk brunt rismel
- 1 tsk majsstivelse
- 1 tsk chipotle avocadoolie (eller almindelig avocadoolie plus 1/2 tsk chipotlepulver)

INSTRUKTIONER:
a) Rehydrer sojakrøllerne i den varme bouillon i 10 minutter. Dræn sojakrøllerne og tryk dem forsigtigt med en tang for at fjerne overskydende væske.
b) Overfør de drænede sojakrøller til en stor skål. Tilsæt chilipulver, mel, majsstivelse og olie. Kast indtil godt dækket.
c) Overfør sojakrøllerne til frituregryden og kog ved 390°F i 8 minutter, mens du ryster halvvejs i tilberedningstiden.

21.Krydrede pommes frites

INGREDIENSER:
- 2 store rødbrune kartofler, skrubbede
- 1 spsk avocadoolie eller ekstra jomfru olivenolie
- 1 tsk tørret dild
- 1 tsk tørret purløg
- 1 tsk tørret persille
- 1 tsk cayennepeber
- 2 spsk kikærte-, soja-, boghvede- eller hirsemel

INSTRUKTIONER:

a) Skær kartoflerne i 1/4-tommers skiver, og skær derefter skiverne i 1/4-tommers strimler. Overfør fritterne til en stor skål og dæk dem i 3 til 4 kopper vand. Læg fritterne i blød i 20 minutter. Dræn, skyl og dup tør.

b) Kom kartoflerne tilbage i skålen. Tilsæt avocadoolie, dild, purløg, persille, cayennepeber og mel. Kast indtil godt dækket.

c) Forvarm airfryeren til 390°F i 3 minutter. Overfør de overtrukne kartofler til airfryer-kurven. Kog i 20 minutter, mens du ryster halvvejs i tilberedningstiden.

22. Jalapeño Poppers

INGREDIENSER:
- 8 store jalapeños
- 1 kop mælkefri flødeost
- 1/4 kop finthakket løg
- 1 kop ukrydrede tørre brødkrummer
- 2 tsk tørret mexicansk oregano
- 1/2 tsk friskkværnet sort peber
- 1/2 til 1 tsk salt, eller efter smag
- 2 til 3 spritzes ekstra jomfru olivenolie

INSTRUKTIONER:
a) Når du forbereder jalapeños, skal du overveje at bære latexhandsker for at undgå at irritere din hud. Skær jalapeños i halve på langs, følg peberfrugternes kurve. Med en lille ske eller fingrene øser du frøene og hinden ud, da de indeholder varmen fra jalapeños (lad et par frø stå, hvis du vil have ekstra varme). Stil de skåret jalapeños til side.
b) I en lille skål blandes flødeost og løg sammen.
c) Kombiner brødkrummer, mexicansk oregano, peber og salt i en mellemstor skål.
d) Fyld hver jalapeño-halvdel med cirka 2 teskefulde af flødeostblandingen, og tryk den ind i hulrummet med fingrene. Drys 1 1/2 tsk af brødkrummeblandingen over flødeosten. Pres brødkrummerne ned i flødeosten.
e) Sprøjt airfryer-kurven med olie. Placer så mange jalapeño-poppers i airfryer-kurven, som der er plads til (du skal muligvis lave mad i portioner). Sprøjt toppen af poppers med ekstra olie (dette vil hjælpe dem brune). Kog ved 390 ° F i 6 til 7 minutter, eller indtil brødkrummerne er gyldenbrune.

23. Spicy Mac 'n' Cheese Balls

INGREDIENSER:
- 2 3/4 dl vegansk hønsebouillon, delt
- 1 kop fuldkornsfusilli
- 1 spsk mælkefrit smør
- 2 fed hvidløg, hakket
- 1/4 kop finthakket gult løg
- 1/4 kop plus 1 spsk kikærtemel, delt
- 1/4 kop ernæringsgær
- 1 tsk frisk citronsaft
- 1/4 kop ikke-mejeri strimlet Daiya Jalapeño Havarti Style Farmhouse Block eller Pepperjack Style ost
- 1/4 tsk sort peber
- 2 høræg eller 2 spsk Follow Your Heart VeganEgg eller Ener-G Egg Replacer
- 1/2 kop iskoldt vand
- 1/2 kop tørre italienske brødkrummer
- 1 tsk røget paprika
- 1 tsk cayennepeber
- 1/4 kop ikke-mejeri strimlet parmesanost
- 3 til 4 spritzes ekstra jomfru olivenolie

INSTRUKTIONER:
a) I en stor gryde bringes 2 1/2 kopper af bouillonen i kog over medium-høj varme. Tilsæt fusilli og kog i 11 minutter.
b) I en lille gryde varmes smør, hvidløg og løg op over medium-lav varme. Når smørret koger, sænk varmen til lav og lad det simre i 5 minutter.
c) Tilsæt 1 spsk af kikærtemelet til smørret og pisk til en roux.
d) Dræn den kogte fusilli og kom den tilbage i den store gryde. Overfør roux til pastaen og rør næringsgær, citronsaft og ost i. Tilsæt så meget af den resterende 1/4 kop bouillon som nødvendigt for en cremet konsistens. Overfør fusillien til en stor skål, dæk til og stil den på køl i 1 til 2 timer.
e) Opsæt 3 uddybningsstationer. Hæld den resterende 1/4 kop kikærtemel i en lav skål. Kombiner høræg og koldt vand i en anden lav skål. Kombiner brødkrummer, røget paprika og cayenne i en tredje lav skål. Forvarm airfryeren til 390°F i 3 minutter.
f) Tag 2 spsk af den afkølede mac 'n' ost ud og rul til en kugle, indtil du har lavet 8 kugler. Rul hver kugle i kikærtemelet (ryst hver enkelt for at fjerne overskydende mel), dyp derefter kuglen i høræggelt, og beklæd til sidst kuglen med brødkrummeblandingen. Læg hver enkelt til side på en tallerken eller et stykke bagepapir, indtil alle 8 mac 'n' ostekugler er klargjort.
g) Overfør kuglerne til airfryer-kurven. Kog i 8 minutter eller indtil gyldenbrun.

24. Stegte grøntsagswontons

INGREDIENSER:
- 1/4 kop finthakkede gulerødder
- 1/4 kop finthakket ekstra fast tofu
- 1/4 kop finthakkede shiitakesvampe
- 1/2 kop fintsnittet kål
- 1 spsk hakket hvidløg
- 1 tsk tørret malet ingefær
- 1/4 tsk hvid peber
- 2 tsk sojasovs, delt
- 1 tsk sesamolie
- 2 tsk kartoffelstivelse eller majsstivelse
- 16 veganske wonton-indpakninger
- 1 til 2 spritzes rapsolie eller ekstra jomfru olivenolie
- Krydret soja-dyppesauce

INSTRUKTIONER:

a) I en stor skål kombineres gulerødder, tofu, svampe, kål, hvidløg, ingefær, hvid peber og 1 tsk sojasovs.

b) Kombiner den resterende 1 tsk sojasovs, sesamolie og kartoffelstivelse i en lille skål. Pisk indtil stivelsen er helt blandet. Hæld tofuen og grøntsagerne over og bland godt med hænderne.

c) Stil en lille skål med vand ved siden af din arbejdsflade for at lave dumplings. Læg en wonton-indpakning fladt, væd siderne med vand med fingeren, og læg 1 spiseskefuld af fyldet i midten. Træk alle 4 hjørner af indpakningen op til toppen og midten og klem dem sammen. Sæt wontons i airfryer-kurven. Gentag denne proces, hvilket gør i alt 16 wontons. Drys wontons med rapsolien. Kog ved 360°F i 6 minutter, mens du ryster halvvejs i tilberedningstiden.

d) Overfør de stegte wontons til en tallerken og server med dipsaucen.

25.Krydret soja-dyppesauce

INGREDIENSER:
- 1 spsk sojasovs med lavt natriumindhold
- 1 tsk riseddike
- 1/2 tsk chilipasta

INSTRUKTIONER:
a)	Kombiner sojasovsen, eddike og chilipasta i en lille skål.

26.Stegt avocado

INGREDIENSER:
- 1/4 kop ubleget universalmel
- 1 Høræg
- 1/2 kop panko brødkrummer
- 1 tsk chilipulver
- 1 moden Hass avocado, udstenet og skrællet
- 2 til 3 spritzes rapsolie eller ekstra jomfru olivenolie

INSTRUKTIONER:
a) Læg melet i et lavt fad. Læg høragget i et andet lavt fad. Kombiner panko-brødkrummerne og chilipulveret i et tredje lavt fad.
b) Drej hver avocado-halvdel gennem de tre overtræksstationer: dæk den med mel, dyp den i høragget, og beklæd den med panko-brødkrummerne.
c) Sprøjt airfryer-kurven med olie. Læg de overtrukne avocadohalvdele i et enkelt lag i airfryer-kurven. Drys avocadohalvdelene med olie. Kog ved 390°F i 12 minutter.

27. Beany Jackfruit Taquitos

INGREDIENSER:
- 1 (14-ounce) dåse vandpakket jackfruit, drænet og skyllet
- 1 kop kogte eller dåse røde bønner, drænet og skyllet
- 1/2 kop pico de gallo sauce
- 1/4 kop plus 2 spsk vand
- 4 (6-tommer) majs- eller fuldkornstortillas
- 2 til 4 spritzes rapsolie eller ekstra jomfru olivenolie

INSTRUKTIONER:
a) Kombiner jackfruit, bønner, pico de gallo og vand i en mellemstor gryde eller trykkoger. Hvis du bruger en gryde, skal du varme jackfrugtblandingen op over medium-høj varme, indtil den begynder at koge. Reducer varmen, læg låg på gryden og lad det simre i 20 til 25 minutter. Hvis du bruger en trykkoger, skal du dække trykkogeren, bringe den til tryk, koge ved lavt tryk i 3 minutter, og derefter bruge en naturlig udløsning.
b) Mos jackfrugtblandingen med en gaffel eller kartoffelmoser. Du sigter efter at rive jackfrugten til en kødfuld tekstur. Forvarm airfryeren til 370°F i 3 minutter.
c) Læg en tortilla på en arbejdsflade. Hæld 1/4 kop af jackfrugtblandingen på tortillaen. Rul den stramt sammen, og skub noget af blandingen, der falder ud, tilbage i tortillaen. Gentag denne proces for at lave 4 taquitos.
d) Sprøjt airfryer-kurven med olie. Sprøjt også toppen af tortillaerne. Læg de rullede tortillas i airfryer-kurven. Kog ved 370°F i 8 minutter.

28.Luftstegte kringler

INGREDIENSER:
- 3/4 kop varmt vand (110 til 115 ° F)
- 1 tsk instant gær
- 1/2 tsk salt
- 2 tsk granuleret sukker
- 1 1/2 kopper ubleget universalmel, delt, plus mere efter behov
- 4 1/2 dl vand
- 1/4 kop bagepulver
- 1 1/4 tsk groft havsalt

INSTRUKTIONER:
a) Pisk det varme vand og gær sammen i et stort målebæger. Tilsæt salt og sukker og rør, indtil det er blandet.
b) I en mellemskål blandes 1 kop mel med gærblandingen under omrøring med en træske. Tilsæt yderligere 1/4 kop mel under omrøring, indtil dejen ikke længere er klistret og er nem at håndtere.
c) Fordel den resterende 1/4 kop mel på en arbejdsflade. Overfør dejen til arbejdsfladen og ælt den i 3 til 4 minutter. Tilsæt mere mel, hvis dejen klistrer til arbejdsfladen eller dine hænder.
d) Efter at have æltet dejen, form den til en 5 x 5 x 1/2-tommer firkant.
e) I en stor gryde over medium-høj varme bringes vandet og bagepulver i kog.
f) Skær imens dejblokken på langs i 5 strimler.
g) Rul hver strimmel ud til 12-tommer reb. Tag begge ender af et reb, træk dem sammen, og drej hele vejen, brug dine hænder til at forme en cirkel med dejen stadig på arbejdsfladen. Pres enderne af dejen ind i cirklen, så du danner den ikoniske kringleform. Gentag denne proces med de resterende reb, hvilket gør 5 kringler.
h) Læg 1 kringle på en hulske og læg den forsigtigt i det kogende vand. Det vil synke og derefter flyde til toppen på omkring 20 til 30 sekunder. Fjern kringlen med en hulske og overfør en silikonebagemåtte eller et stykke bagepapir til den.
i) Gentag denne proces med de resterende 4 kringler.
j) Forvarm airfryeren til 390°F i 5 minutter. Drys 1/4 tsk salt på hver kringle.
k) Overfør kringlerne til airfryer-kurven. Hvis du bruger en stor airfryer med stativtilbehør, kan du placere 2 større kringler direkte på kurven og 3 mindre på stativet. Hvis du bruger en mindre airfryer, eller hvis der ikke er et stativ til rådighed, så steg kringlerne i omgange.
l) Kog ved 390°F i 5 til 6 minutter. Begynd at tjekke dem efter 3 minutter. Du leder efter et gyldent til mørkebrunt resultat. Fjern kringlerne fra airfryeren med en spatel.

29. Stegt tofu med jordnøddesauce

INGREDIENSER:
STEGT TOFU
- 1 (12-ounce) pakke fast tofu, drænet og presset
- 1/2 kop majsmel
- 1/4 kop majsstivelse
- 1/2 tsk havsalt
- 1/2 tsk hvid peber
- 1/2 tsk rød peberflager
- 1 til 2 spritzes sesamolie

PEANUTSAUCE
- 1 (1-tommer) stykke frisk ingefær, skrællet
- 1 fed hvidløg
- 1/2 kop cremet jordnøddesmør
- 2 spsk lav-natrium tamari
- 1 spsk frisk limesaft
- 1 tsk ahornsirup
- 1/2 tsk chilipasta
- 1/4 til 1/2 kop vand efter behov
- 1/4 kop finthakket spidskål

INSTRUKTIONER:
a) Tofu: Skær tofuen i 16 tern og stil til side. Kombiner majsstivelse, majsmel, salt, hvid peber og rød peberflager i en mellemstor skål. Tilsæt tofu i tern og dæk godt. Overfør tofuen til airfryer-kurven. Drys med sesamolie. Kog i 20 minutter ved 350°F, ryst forsigtigt halvvejs gennem tilberedningstiden.

b) Jordnøddesauce: Puls ingefær, hvidløg, jordnøddesmør, tamari, limesaft, ahornsirup og chilipasta i en blender, indtil det er glat. Tilsæt vand, hvis det er nødvendigt for en tyk konsistens, der er tynd nok til at dryppe. Til servering overføres tofuen til et serveringsfad.

c) Hæld peanutsaucen i en lille dyppeskål og top med spidskål.

30.Panerede svampe

INGREDIENSER:
- 2 store portobellosvampehatte, skyllet let og tørret
- 1/2 kop sojamel
- 1/2 tsk granuleret løg
- 1/4 tsk tørret oregano
- 1/4 tsk tørret basilikum
- 1/4 tsk granuleret hvidløg
- 1/2 tsk sort peber, delt
- 1/2 kop iskoldt vand
- 2 spsk Follow Your Heart VeganEgg eller 1 høræg
- 1/8 kop sojamælk
- 1 tsk lavnatrium tamari
- 1 kop panko brødkrummer
- 1/4 tsk havsalt
- 1 til 2 spritzes rapsolie eller ekstra jomfru olivenolie

INSTRUKTIONER:
a) Skær portobello-hætterne i 1/4-tommer tykke skiver. Kombiner mel, granuleret løg, oregano, basilikum, granuleret hvidløg og 1/4 tsk af peberfrugten i et lavt fad eller tallerken.
b) Pisk vandet og VeganEgg sammen. Hæld blandingen i en lav skål. Tilsæt sojamælk og tamari. Hæld panko-brødkrummerne i et tredje lavt fad eller tallerken og tilsæt saltet og den resterende sorte peber, bland godt.
c) Arbejd i partier, læg svampene i melblandingen, uddyb for at dække dem godt. Ryst eventuelt overskydende mel af og dyp svampene i mælkeblandingen. Ryst eventuelt overskydende væske af, og læg derefter svampene i brødkrummerne og beklæd dem godt. Læg de panerede svampe på en tallerken dækket med bagepapir og gentag denne proces, indtil alle svampene er paneret.
d) Spray airfryer-kurven med olie. Placer de panerede svampe i airfryer-kurven (du skal muligvis gøre dette i portioner) og steg ved 360°F i 7 minutter, mens du ryster halvvejs i tilberedningstiden.

31. Veganske vinger

INGREDIENSER:
- 1/4 kop mælkefrit smør
- 1/2 kop Frank's RedHot Original Cayenne Pebersauce eller din favorit cayenne hot sauce
- 2 fed hvidløg
- 16 til 18 ounce Bagt Chick'n-Style Seitan , skåret i 8 til 10 stykker, eller WestSoy eller Pacific-mærket kylling-stil seitan
- 1/4 kop kikærtemel
- 1/4 kop majsmel

INSTRUKTIONER:
a) Kombiner smør, varm sauce og hvidløg i en lille gryde over medium varme i 3 til 5 minutter. Hæld halvdelen af saucen i en skål. Sæt til side.
b) Tilsæt seitan-stykkerne til saucen i gryden. Bland godt for at dække seitanen.
c) Bland mel og majsmel i en lav skål.
d) Forvarm airfryeren til 370°F i 3 minutter. Dryp seitan-stykkerne i melblandingen, beklæd dem godt. Læg seitanen i airfryeren. Kog ved 370°F i 7 minutter, ryst ved 3 minutter.
e) Overfør vingerne til skålen med den reserverede varme sauce. Vend og server med blåskimmelost uden mælk eller ranchdressing.

32.Ristede grillkikærter

INGREDIENSER:
- 1 (15-ounce) dåse kikærter, drænet, skyllet og klappet tør
- 1 tsk jordnøddeolie
- 1/2 tsk ahornsirup
- 1 tsk paprika
- 1 tsk hvidløgspulver
- 1/2 tsk sort peber
- 1/2 tsk malet sennep
- 1/2 tsk chipotle pulver

INSTRUKTIONER:
a) Kombiner kikærter, olie og ahornsirup i en stor skål, og vend kikærterne til belægning. Drys paprika, hvidløgspulver, peber, sennep og chipotlepulver over kikærterne og kombiner, indtil alle kikærterne er godt dækket.
b) Overfør kikærterne til airfryer-kurven. Kog ved 400°F i 15 minutter, ryst hvert 5. minut.

33. Balsamico urtetomater

INGREDIENSER:
- 1/4 kop balsamicoeddike
- 1/2 tsk groft havsalt
- 1/4 tsk stødt sort peber
- 1 spsk tørret oregano
- 1 tsk rød peberflager
- 2 store, faste tomater, hver skåret i 4 skiver
- Ekstra jomfru olivenolie spray

INSTRUKTIONER:
a) Hæld eddiken i et lavt fad. Rør salt, peber, oregano og rød peberflager i.
b) Dyp hver tomatskive i eddikeblandingen. Forvarm airfryeren til 360°F i 3 minutter.
c) Arranger tomaterne i et enkelt lag på en grillindsats eller direkte i airfryeren (du skal kunne tilberede 2 til 4 skiver ad gangen, afhængigt af størrelsen på din airfryer). For at øge tilberedningskapaciteten skal du placere et stativtilbehør over grillindsatsen eller kurven, som giver mulighed for at tilberede to lag tomater på én gang.
d) Hæld den resterende eddikeblanding over hver tomat. Drys olien over tomaterne. Kog ved 360 ° F i 5 til 6 minutter. Fjern forsigtigt tomaterne med en spatel.

34. Pastinak Fries

INGREDIENSER:
- 2 mellemstore pastinakker, trimmet og godt vasket
- 1 tsk avocadoolie eller rapsolie
- 1 tsk stødt kanel
- 1/2 tsk stødt spidskommen
- 1/2 tsk paprika
- 1/2 tsk stødt koriander
- 1/2 tsk havsalt
- 1/4 tsk sort peber
- 1/2 tsk majsstivelse
- 1 spsk speltmel eller brunt rismel

INSTRUKTIONER:
a) Skær toppen og bunden af pastinakkerne. Skær i halve på langs. Halver eller kvartér de tykke dele på langs, indtil alle pastinakstykker er nogenlunde lige store.
b) Overfør dem til en stor skål. Tilsæt olie, kanel, spidskommen, paprika, koriander, salt og peber.
c) I en lille skål kombineres majsstivelsen og melet. Drys majsstivelsesblandingen over pastinakkerne og vend dem med en tang, indtil de er godt dækket.
d) Kog pastinakkerne ved 370°F i 15 minutter, eller indtil de er gyldenbrune, mens de ryster halvvejs i tilberedningstiden.

35.Bøffel blomkål

INGREDIENSER:
- 1 stort hoved blomkål
- 1 kop ubleget universalmel
- 1 tsk vegansk kyllingebouillongranulat (eller Butler Chik-stilkrydderi)
- 1/4 tsk cayennepeber
- 1/4 tsk chilipulver
- 1/4 tsk paprika
- 1/4 tsk tørrede chipotle chiliflager
- 1 kop sojamælk
- Canola olie spray
- 2 spiseskefulde mælkefrit smør
- 1/2 kop Frank's RedHot Original Cayenne Pebersauce eller din favorit cayenne hot sauce
- 2 fed hvidløg, hakket

INSTRUKTIONER:

a) Skær blomkålen i mundrette stykker. Skyl og afdryp blomkålsstykkerne.

b) Bland mel, bouillongranulat, cayenne, chilipulver, paprika og chipotle-flager i en stor skål. Pisk langsomt mælken i, indtil der er dannet en tyk dej.

c) Spray airfryer-kurven med rapsolie og forvarm airfryeren til 390°F i 10 minutter.

d) Mens airfryeren forvarmer, smid blomkålen i dejen. Overfør det smækkede blomkål til airfryer-kurven. Kog i 20 minutter ved 390°F. Vend blomkålsstykkerne ved hjælp af en tang ved 10 minutter (bliv ikke forskrækket, hvis de klæber).

e) Efter at have vendt blomkålen varmes smør, varm sauce og hvidløg op i en lille gryde ved middelhøj varme. Bring blandingen i kog, reducer varmen til at simre, og læg låg på. Når blomkålen er kogt, overføres den til en stor skål. Hæld saucen over blomkålen og vend forsigtigt med en tang. Server straks.

36.Osteagtig Dild Polenta Bites

INGREDIENSER:
- 1 kop let kulinarisk kokosmælk
- 3 kopper grøntsagsbouillon
- 3 fed hvidløg, hakket
- 1/2 tsk stødt gurkemeje
- 1/2 tsk tørret dild
- 1 kop tørret polenta eller majsmel
- 1 spsk mælkefrit smør
- 2 spsk ernæringsgær
- 1 tsk frisk citronsaft
- Canola olie spray

INSTRUKTIONER:
TIL POLENTA:

a) I en trykkoger eller Instant Pot: Kombiner mælk, bouillon, hvidløg, gurkemeje, dild og polenta i en trykkoger uden låg (eller en multicooker, såsom en Instant Pot).
b) Dæk trykkogeren og bring den til pres. Kog ved højtryk i 5 minutter. Brug en naturlig slip efter 15 minutter. Hvis du bruger en multikoger, skal du vælge manuel og højtryk i 5 minutter. Tag låget af og rør smør, næringsgær og citronsaft i.
c) På komfuret: Bring mælk, bouillon, hvidløg, gurkemeje og dild i kog ved middelhøj varme i en stor gryde.
d) Hæld polentaen langsomt i den kogende mælkeblanding, mens du pisk konstant, indtil al polentaen er inkorporeret, og der ikke er klumper. Reducer varmen til lav og lad det simre, mens du pisk ofte, indtil polentaen begynder at tykne, cirka 5 minutter.
e) Polentaen skal stadig være lidt løs. Dæk gryden til og kog i 30 minutter, pisk hvert 5. til 6. minut. Når polentaen er for tyk til at piske, røres den med en træske. Polentaen er færdig, når dens tekstur er cremet, og de enkelte korn er møre.
f) Sluk for varmen og rør forsigtigt smørret i polentaen, indtil smørret smelter delvist.
g) Bland næringsgæren og citronsaften i polentaen. Dæk gryden til, og lad polentaen stå i 5 minutter for at tykne.
h) Stil den varme polenta til side til afkøling (du kan overføre polentaen til en mellemstor skål og stille den på køl i 15 minutter for at fremskynde processen).

TIL POLENTA BIT:

i) Rul 1/8-kops kugler polenta til kugler og anbring dem i airfryeren i et enkelt lag. (Afhængigt af størrelsen på din airfryer, skal du muligvis lave mad i partier.)
j) Drys dem med rapsolie. Kog ved 400°F i 12 til 14 minutter, ryst i 6 minutter.

37.Ristede rosenkål

INGREDIENSER:
- 1 pund rosenkål
- 2 spsk sojasovs
- 1 spsk riseddike
- 1 tsk rapsolie
- 1 spsk hakket hvidløg
- 1/2 tsk hvid peber

INSTRUKTIONER:
a) Skær bunden af rosenkålen, og skær hver spire i halve fra top til bund (de yderste blade falder let af). Skyl og afdryp. Overfør rosenkålen til en stor skål.
b) Pisk sojasovs, eddike, olie, hvidløg og hvid peber sammen i en lille skål. Hæld rosenkålene over. Kast forsigtigt med en tang, beklæd godt.
c) Forvarm airfryeren til 390°F i 3 minutter. Overfør rosenkålen til airfryer-kurven. Kog i 12 minutter, ryst halvvejs gennem tilberedningstiden.

38. Ristet Acorn Squash

INGREDIENSER:
- 1 (16 ounce) agern squash, vasket
- 1/4 kop grøntsagsbouillon
- 2 spsk ernæringsgær
- 3 fed hvidløg, hakket

INSTRUKTIONER:
a) Del squashen i to og skrab frøene ud med en ske. (Sæt frøene til side for at lave Tamari Squashfrø. Skær enden af hvert stykke af for at få en flad bund.
b) Læg hver squashhalvdel i airfryeren med kødsiden opad. Kog ved 360°F i 10 minutter.
c) I en lille skål piskes bouillon, næringsgær og hvidløg sammen.
d) Efter 10 minutter åbner du airfryer-kurven og hælder 1/8 kop af hvidløgssaucen over den ene squash-halvdel og 1/8 kop over den anden squash-halvdel. Saucen vil sætte sig i "skålen" af squashen.
e) Brug en børste til at belægge toppen af squashen. Øg varmen til 390°F og fortsæt med at koge i 5 minutter længere, indtil squashen er mør.
f) Fjern squashhalvdelene fra airfryeren og skær dem i skiver eller brug dem som spiselige serveringsskåle.

39.Tamari Squash frø

INGREDIENSER:
- 1/4 til 1/2 kop agern eller butternut squash frø (mængden varierer efter størrelsen af squash)
- 2 spiseskefulde tamari med lavt natriumindhold eller sojasovs med lavt natriumindhold
- 1/4 tsk hvid peber eller friskkværnet sort peber

INSTRUKTIONER:
a) Skyl squashfrøene godt, fjern eventuelle snore eller stumper af squash. Overfør dem til en lille skål eller målebæger. Hæld tamarien over frøene og lad dem marinere i 30 minutter.
b) Dræn (men skyl ikke) frøene.
c) Forvarm airfryeren til 390°F i 3 minutter. Overfør frøene til airfryer-kurven og drys med hvid peber. Kog ved 390°F i 6 minutter, mens du ryster halvvejs i tilberedningstiden.
d) Spis frøene med det samme eller opbevar dem i en lufttæt beholder i 3 dage.

40.Løgringe

INGREDIENSER:
- 1 stort løg, skåret i 1/4-tommer tykke skiver
- 1 kop ubleget universalmel
- 1/4 kop kikærtemel
- 1 tsk bagepulver
- 1 tsk havsalt
- 1/2 kop aquafaba eller vegansk æg-erstatning
- 1 kop sojamælk
- 3/4 kop panko brødkrummer

INSTRUKTIONER:
a) Forvarm airfryeren til 360°F i 5 minutter. Skil løgskiverne i ringe.
b) Kombiner universalmel, kikærtemel, bagepulver og salt i en lille skål.
c) Dryp løgskiverne i melblandingen, indtil de er godt dækket. Sæt til side.
d) Pisk aquafaba og mælk i den resterende melblanding. Dyp de meldryssede løgringe i dejen til at dække.
e) Fordel panko-brødkrummerne på en tallerken eller et lavt fad og træk ringene ind i krummerne, dæk godt.
f) Læg løgringene i airfryeren i et enkelt lag og steg i 7 minutter ved 360°F, ryst halvvejs i tilberedningstiden. Hvis du har en mindre airfryer, skal du muligvis lave mad i portioner.

41. Maple Butternut Squash

INGREDIENSER:
- 1 stor butternut squash, skrællet, halveret, frøet og skåret i 1-tommers stykker
- 1 tsk ekstra jomfru olivenolie eller rapsolie
- 2 spsk ahornsirup
- 1 tsk stødt kanel
- 1/2 tsk stødt kardemomme
- 1/2 tsk tørret timian
- 1/2 tsk havsalt

INSTRUKTIONER:
a) Forvarm airfryeren til 390°F. Læg squashen i en stor røreskål. Tilsæt olie, ahornsirup, kanel, kardemomme, timian og salt, og vend rundt for at dække squashen.
b) Overfør squashen til airfryer-kurven. Kog i 20 minutter eller indtil de er brunet, ryst halvvejs gennem tilberedningstiden.

42. Grønkålschips

INGREDIENSER:
- 8 kopper opstammet grønkål
- 1 tsk rapsolie eller ekstra jomfru olivenolie
- 1 tsk riseddike
- 1 tsk sojasovs
- 2 spsk ernæringsgær

INSTRUKTIONER:
a) Vask og afdryp grønkålen. Overfør det til en stor skål. Riv grønkålen i 2-tommers stykker. Undgå at rive for små stykker i stykker, da nogle airfryere, med kraftig forceret luft, kan trække grønkålen ind i varmeelementet.
b) Tilsæt olie, eddike, sojasovs og næringsgær til skålen. Brug dine hænder til at massere alle ingredienserne ind i grønkålen i cirka 2 minutter.
c) Overfør grønkålen til airfryer-kurven. Kog ved 360°F i 5 minutter. Ryst kurven. Øg varmen til 390°F og kog i 5 til 7 minutter mere.

43. Stegte grønne tomater

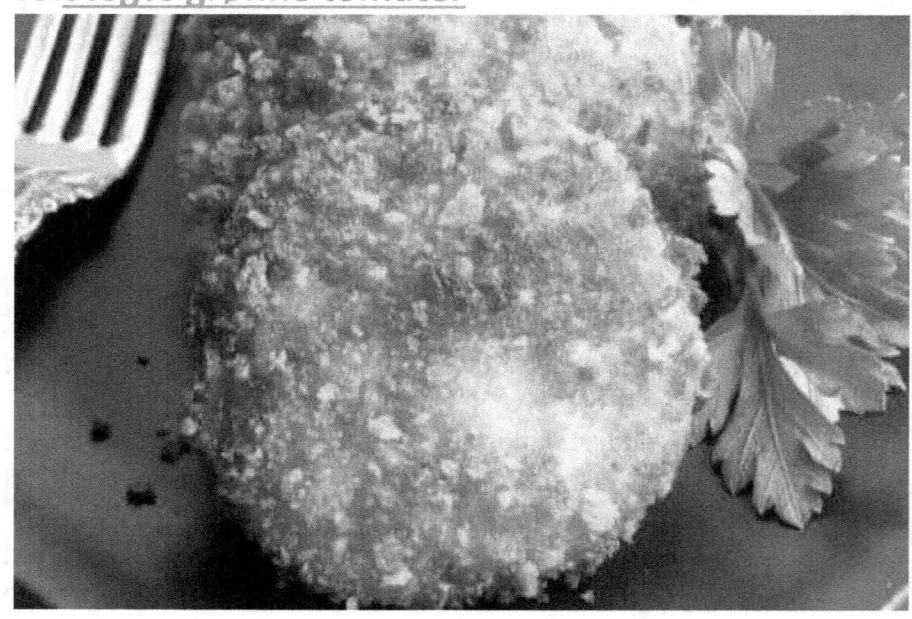

INGREDIENSER:
- 1/2 kop kartoffelstivelse
- 1 kop sojamel, delt
- 1/4 kop sojamælk
- 2 spsk ernæringsgær
- 1/2 til 1 tsk varm sauce
- 1/4 kop mandelmel
- 1/4 kop panko brødkrummer
- 1 tsk røget paprika
- 1 tsk havsalt
- 1/4 tsk sort peber
- 2 store grønne eller arvestykketomater, skåret i 1/2-tommer tykke skiver
- 2 til 4 spritzes rapsolie

INSTRUKTIONER:
a) Kombiner kartoffelstivelsen og 1/2 kop sojamel i et lavt fad.
b) Kombiner mælken, ernæringsgæren og den varme sauce i et andet lavvandet fad.
c) Kombiner den resterende 1/2 kop sojamel, mandelmel, panko-brødkrummer, røget paprika, salt og peber i et tredje lavt fad.
d) Overtræk tomaterne i kartoffelstivelsesblandingen. Ryst overskydende stivelse af, og dyp derefter tomaterne i mælkeblandingen for at dække dem. Ryst eventuelt overskydende mælk af og drej derefter tomaterne i den krydrede sojamelblanding.
e) Sprøjt airfryer-kurven med olie. Læg så mange tomater på airfryer-kurven, som du kan. Sprøjt toppen af tomaterne med mere olie.
f) Kog ved 320°F i 3 minutter. Ryst airfryer-kurven forsigtigt. Øg varmen til 400°F og kog i 2 minutter mere.

44. Aubergine parmesan

INGREDIENSER:
- 1 mellemstor aubergine
- 1/2 kop ubleget universalmel
- 1 høræg eller tilsvarende Follow Your Heart VeganEgg eller Ener-G Egg Replacer
- 1 1/2 dl panko brødkrummer
- 2 til 4 spritser ekstra jomfru olivenolie
- 1/2 kop marinara sauce
- 1/2 kop revet ikke-mælkefri parmesanost

INSTRUKTIONER:
a) Vask auberginen og dup den tør. Skær auberginen i skiver, lav 8 (1/2 tomme tykke) runder.
b) Opret en tredelt uddybningsstation ved hjælp af tre lave skåle, med melet i den første, høræg i den anden og panko-brødkrummer i den tredje. Sprøjt airfryer-kurven med olie.
c) Dryp en aubergine-runde ind i melet, beklæd det godt. Dyp auberginerunden i hørægget, og drej den derefter i panko-brødkrummerne. Ryst overskydende brødkrummer af og læg aubergine-runden i airfryer-kurven. Gentag denne proces med flere af aubergine-runderne. Hvis du har et stativtilbehør, skal du placere det i airfryer-kurven og fortsætte med at belægge de resterende auberginerunde og placere dem på stativet. Hvis du har en mindre frituregryde eller ingen rist til at tilføje et andet niveau af madlavning, luftsteg auberginerunderne i 2 eller 3 partier. Sprøjt toppen af hver auberginerund med olivenolie. Kog ved 360°F i 12 minutter, indtil de er gyldenbrune.
d) Opvarm marinarasaucen i en lille gryde ved middel varme.
e) Efter 12 minutter åbner du airfryeren og tilsætter 1 spsk ost til hver auberginerund og koger i 2 minutter længere. Til servering anrettes 3 runde aubergine pr. person på en lille tallerken. Hæld 2 spsk marinara sauce over auberginen.

45.Blandede grøntsagsfritter

INGREDIENSER:

- 3 spsk stødt hørfrø
- 1/2 kop vand
- 2 mellemstore rødbrune kartofler
- 2 kopper frosne blandede grøntsager (gulerødder, ærter og majs), optøet og drænet
- 1 kop frosne ærter, optøet og drænet
- 1/2 kop grofthakket løg
- 1/4 kop finthakket frisk koriander
- 1/2 kop ubleget universalmel
- 1/2 tsk havsalt
- Ekstra jomfru olivenolie til sprøjtning

INSTRUKTIONER:

a) I en lille skål laver du et høræg ved at blance hørfrø og vand med en gaffel eller et lille piskeris.

b) Skræl kartoflerne og riv dem i en skål. (Eller brug rivejernet i en foodprocessor; hvis du gør det, flyt de revne kartofler tilbage i en skål.) Tilsæt de blandede grøntsager og løg til kartoflerne. Tilsæt koriander og høræg og rør sammen. Tilsæt mel og salt og rør det godt sammen. Forvarm airfryeren til 360°F i 3 minutter.

c) Tag 1/3 kop af kartoffelblandingen ud for at danne en patty. Gentag denne proces, indtil hele blandingen er brugt til at lave frikadeller.

d) Drys fritterne med olie. Overfør fritterne til airfryer-kurven (du skal muligvis lave flere portioner, afhængigt af størrelsen på din airfryer). Kog fritterne i 15 minutter, vend halvvejs gennem tilberedningstiden.

46.Osteagtige kartoffelbåde

INGREDIENSER:
KARTOFLER
- 1 pund fingerling kartofler
- 1 tsk ekstra jomfru olivenolie
- 1 tsk kosher salt
- 1 tsk kværnet sort peber
- 1/2 tsk hvidløgspulver

OSTESAUCE
- 1/2 kop rå cashewnødder
- 1/2 tsk stødt gurkemeje
- 1/2 tsk paprika
- 2 spsk ernæringsgær
- 1 tsk frisk citronsaft
- 2 spsk til 1/4 kop vand

INSTRUKTIONER:

a) Kartofler: Forvarm airfryeren til 400°F i 3 minutter. Vask kartoflerne. Skær kartoflerne i halve på langs og kom dem over i en stor skål. Tilsæt olie, salt, peber og hvidløgspulver til kartoflerne. Kast til belægning. Overfør kartoflerne til airfryeren. Kog i 16 minutter, mens du ryster halvvejs gennem tilberedningstiden.

b) Ostesauce: Kombiner cashewnødder, gurkemeje, paprika, næringsgær og citronsaft i en højhastighedsblender. Blend på lavt niveau, øg langsomt hastigheden og tilsæt vand efter behov. Pas på at undgå at bruge for meget vand, da du gerne vil have en tyk, osteagtig konsistens.

c) Overfør de kogte kartofler til en airfryer-sikker pande eller et stykke bagepapir. Dryp ostesovsen over kartoffelbådene. Sæt gryden i airfryeren og steg i yderligere 2 minutter ved 400°F.

47. Hasselback kartofler

INGREDIENSER:
- 2 mellemstore rødbrune kartofler
- 2 spritser ekstra jomfru olivenolie
- 1/4 tsk havsalt
- 2 knivspidser sort peber
- 1 tsk hakket hvidløg

INSTRUKTIONER:
a) Vask kartoflerne godt. For at skære kartoflerne skal du lægge dem på deres fladeste sider i en stor ske (for at forhindre dig i at skære hele vejen igennem dem). Med en skarp kniv skæres ned fra toppen, indtil kniven Serveres: kontakt med skeen. Lav 1/8-tommer skiver på tværs af kartoflerne.
b) Drys kartoflerne med olien (eller pensl dem med grøntsagsbouillon) og drys halvdelen af saltet og en knivspids sort peber på hver. Læg kartoflerne i airfryeren og kog i 20 minutter ved 390°F.
c) Tag kurven ud af airfryeren og pres 1/2 tsk hvidløg ind mellem skiverne af hver kartoffel. Sæt kartoflerne tilbage i airfryeren og kog i yderligere 15 til 20 minutter. (Den samlede kogetid skal være omkring 35 til 40 minutter; længere, hvis du bruger store kartofler.)

48. Poutine

INGREDIENSER:
- 3 mellemstore rødbrune kartofler, skåret i 1/4-tommers skiver og skåret igen i 1/4-tommers strimler
- 1 tsk jordnøddeolie eller rapsolie
- 2 kopper Svampehvidbønnesovs eller Stillehavs- eller Imagine-svampesovs
- 1/2 kop groft hakket Daiya Jalapeño Havarti Style Farmhouse Bloker ost eller Follow Your Heart revet parmesanost

INSTRUKTIONER:
a) Skyl kartoffelfritterne i koldt vand. Læg i blød i 20 minutter. Skyl, afdryp og dup kartoflerne tørre med køkkenrulle. Overfør fritterne til en stor skål og vend dem med jordnøddeolien.
b) Læg fritterne i airfryer-kurven og kog i 20 minutter ved 390°F, mens du ryster halvvejs i tilberedningstiden.
c) Mens fritterne koger, lav sovsen.
d) Når fritterne er gennemstegte, læg dem på 4 serveringsfade. Drys 2 spsk ost og kom derefter 1/2 kop sovs over hver portion.

49. Søde kartoffel pommes frites

INGREDIENSER:
- 2 store hvide søde kartofler, skåret i 1/4-tommers skiver og skåret igen i 1/4-tommers strimler
- 1/4 kop mørk vegansk øl
- 1 tsk rød miso
- 1 tsk rapsolie
- 1 spsk lys brun farin
- 1 tsk stødt kanel
- 1/2 tsk stødt spidskommen
- 1/2 tsk havsalt

INSTRUKTIONER:
a) Skyl fritterne i koldt vand. Overfør fritterne til en stor skål. I en lille skål piskes øl, miso og olie sammen. Dryp ølblandingen over fritterne, vend godt rundt og stil til side i 20 minutter.
b) Dræn fritterne og kom dem tilbage i skålen. Drys brun farin, kanel, spidskommen og salt over fritterne. Kast indtil godt belagt.
c) Kog fritterne i 15 til 20 minutter ved 320°F, indtil de er gyldenbrune.

50. Umami Fries

INGREDIENSER:
- 2 store rødbrune kartofler, skrubbede
- 1/4 kop varmt vand
- 1 spsk Marmite eller Vegemite
- 1 spsk æblecidereddike
- Skær kartoflerne i 1/4-tommers skiver, og skær derefter skiverne i 1/4-tommers strimler.

INSTRUKTIONER:
a) Overfør fritterne til en lav bradepande eller bageplade med kant.
b) Hæld vandet i en blender.
c) Tænd for blenderen og dryp langsomt Marmite i.
d) Tilsæt eddike, øg blenderens hastighed til høj, og blend i blot et par sekunder. Hæld Marmite-blandingen over fritterne. Kast fritterne med en tang eller brug dine hænder til at sikre, at fritterne er belagt med marinade.
e) Dæk til og stil til side i cirka 15 minutter.
f) Forvarm airfryeren til 360°F i 3 minutter. Dræn fritterne og kom dem over i airfryeren.
g) Kog ved 360°F i 16 til 20 minutter, mens du ryster halvvejs i tilberedningstiden.

HOVEDRET

51.Rødbeder med Orange Gremolata

INGREDIENSER:
- 3 mellemstore friske gyldne rødbeder (ca. 1 pund)
- 3 mellemstore friske rødbeder (ca. 1 pund)
- 2 spsk limesaft
- 2 spsk appelsinjuice
- 1/2 tsk fint havsalt
- 1 spsk hakket frisk persille
- 1 spsk hakket frisk salvie
- 1 fed hvidløg, hakket
- 1 tsk revet appelsinskal
- 2 spsk solsikkekerner

INSTRUKTIONER:
a) Forvarm airfryeren til 400°.
b) Skrub rødbeder og trim toppene med 1 tommer. Placer rødbeder på en dobbelt tykkelse af kraftig folie (ca. 24x12 tommer). Fold folie rundt om rødbeder, forsegl tæt.
c) Læg i et enkelt lag på en bakke i en airfryer-kurv. Kog indtil de er møre, 4555 minutter. Åbn forsigtigt folien, så damp kan slippe ud.
d) Når det er køligt nok til at håndtere, skræl, halver og skær rødbeder i skiver; læg i en serveringsskål. Tilsæt limesaft, appelsinjuice og salt; kaste til belægning. Kombiner persille, salvie, hvidløg og appelsinskal; drys over rødbeder. Top med solsikkekerner. Serveres varm eller afkølet.

52. Laks med balsamico spinat

INGREDIENSER:
- 3 tsk olivenolie, delt
- 4 laksefileter (6 ounce hver)
- 1 1/2 tsk reduceret natrium skaldyr krydderi
- 1/4 tsk peber
- 1 fed hvidløg, skåret i skiver
- Dash knuste røde peberflager
- 10 kopper frisk babyspinat (ca. 10 ounces)
- 6 små tomater, udsået og skåret i 1/2in. stykker
- 1/2 kop balsamicoeddike

INSTRUKTIONER:
a) Forvarm airfryeren til 450°. Gnid 1 tsk olie over begge sider af laksen; drys med skaldyrskrydderi og peber.
b) Læg eventuelt laks i partier på en smurt bakke i en airfryer-kurv. Kog indtil fisken lige begynder at flage let med en gaffel, 1012 minutter.
c) Læg i mellemtiden den resterende olie, hvidløg og peberflager i en 6qt. stockpot; varm over middel-lav varme, indtil hvidløg er blødgjort i 34 minutter. Øg varmen til medium-høj.
d) Tilføj spinat; kog og rør indtil visnet, 34 minutter. Rør tomater i; varme igennem. Fordel mellem 4 serveringsfade.
e) I en lille gryde bringes eddike i kog. Kog indtil eddike er reduceret til det halve, 23 minutter. Fjern straks fra varmen.
f) Til servering placeres laksen over spinatblandingen. Dryp med balsamicoglasur.

53. Hvidløg-urter Fried Patty Pan Squash

INGREDIENSER:
- 5 kopper halveret lille patty-pande squash (ca. 11/4 pund)
- 1 spsk olivenolie
- 2 fed hvidløg, hakket
- 1/2 tsk salt
- 1/4 tsk tørret oregano
- 1/4 tsk tørret timian
- 1/4 tsk peber
- 1 spsk hakket frisk persille

INSTRUKTIONER:
a) Forvarm en airfryer til 375°. Læg squash i en stor skål. Bland olie, hvidløg, salt, oregano, timian og peber; dryp over squash.
b) Kast til belægning. Læg squash på en smurt bakke i en airfryer-kurv. Kog indtil de er møre, 1015 minutter, under omrøring af og til.
c) Drys med persille.

54. Svampebøffer

INGREDIENSER:
- 4 store Portobello-svampe
- 23 spiseskefulde olivenolie
- 2 tsk tamari sojasauce
- 1 tsk hvidløgspuré
- salt efter smag

INSTRUKTIONER:
a) Forvarm Air Fryer til 350F / 180C.
b) Rens svampene med en fugtig klud eller børste og fjern stilken.
c) Bland olivenolie, tamari-sojasauce, hvidløgspuré og salt i en skål.
d) Tilsæt svampene og bland til de er dækket. Du kan også bruge en børste til at overtrække svampene med blandingen. Du kan koge med det samme, eller lade svampene hvile i 10 minutter før tilberedning.
e) Tilføj svampene til airfryer-kurven og steg i 810 minutter.
f) Servér hvidløgs Air Fryer-svampene med lidt grønt salat.

55.Svampe hvidbønnesovs

INGREDIENSER:

- 1/4 kop mælkefrit smør
- 3 fed hvidløg, groft hakket
- 1/2 kop grofthakket gult løg
- 1 kop grofthakkede shiitakesvampe
- 1/8 tsk tørret salvie
- 1/8 tsk tørret rosmarin
- 1/8 tsk stødt sort peber
- 1 1/4 dl grøntsagsbouillon
- 1/4 kop sojasovs med lavt natriumindhold
- 1 (15-ounce) dåse hvide bønner, drænet og skyllet
- 1/8 til 1/4 kop ernæringsgærflager

INSTRUKTIONER:

a) Varm smørret op i en lille gryde ved middelhøj varme. Tilsæt hvidløg og løg og svits indtil løget er gennemsigtigt. Tilsæt svampe, salvie, rosmarin og peber. Bland godt. Rør bouillon og sojasovs i. Bring blandingen i kog.

b) Tilsæt bønnerne. Brug en stavblender i gryden til at blende sovsen i 20 til 30 sekunder, eller indtil den er glat. Alternativt kan du overføre sovsen til en blender og blende, indtil den er jævn, og derefter returnere sovsen tilbage til gryden efter blending.

c) Dæk gryden til, reducer varmen til medium og kog i 5 minutter under omrøring af og til. Tilsæt næringsgæren, rør godt rundt, dæk derefter gryden og lad det simre i 5 minutter længere, rør efter behov.

56. Grønkål og kartoffelnuggets

INGREDIENSER:
- 2 kopper finthakkede kartofler
- 1 tsk ekstra jomfru olivenolie eller rapsolie
- 1 fed hvidløg, hakket
- 4 kopper løst pakket grofthakket grønkål
- 1/8 kop mandelmælk
- 1/4 tsk havsalt
- 1/8 tsk stødt sort peber
- Vegetabilsk olie spray, efter behov

INSTRUKTIONER:
a) Tilsæt kartoflerne i en stor gryde med kogende vand. Kog indtil de er møre, cirka 30 minutter.
b) I en stor stegepande opvarmes olien over medium-høj varme. Tilsæt hvidløg og svits indtil de er gyldenbrune. Tilsæt grønkålen og sauter i 2 til 3 minutter. Overfør til en stor skål.
c) Dræn de kogte kartofler og overfør dem til en mellemstor skål. Tilsæt mælk, salt og peber og mos med en gaffel eller kartoffelmoser. Overfør kartoflerne til den store skål og kombiner med den kogte grønkål.
d) Forvarm airfryeren til 390°F i 5 minutter.
e) Rul kartoffel- og grønkålsblandingen til 1-tommers nuggets. Sprøjt airfryer-kurven med vegetabilsk olie. Placer nuggets i airfryeren og kog i 12 til 15 minutter, indtil de er gyldenbrune, omrystning i 6 minutter.

57. Grundlæggende luftstegt tofu

INGREDIENSER:
- 1 (14 ounce) pakke ekstra fast tofu, frossen, optøet, drænet og presset
- 1 tsk sesamolie
- 1/4 kop sojasovs med lavt natriumindhold eller tamari
- 2 spsk riseddike
- 2 tsk malet ingefær, delt
- 2 tsk majsstivelse eller kartoffelstivelse
- 1 tsk kikærtemel eller brunt rismel

INSTRUKTIONER:
a) Skær tofublokken i 12 tern og kom dem over i en lufttæt beholder.
b) I en lille skål piskes olien, sojasovsen, eddike og 1 tsk ingefær sammen. Hæld olieblandingen over tofuen i terninger, dæk beholderen og stil den i køleskabet for at marinere i mindst 1 time (ideelt set 8 timer).
c) Dræn den marinerede tofu og overfør den til en mellemstor skål. Kombiner majsstivelse, kikærtemel og den resterende 1 tsk ingefær i en lille skål. Drys majsstivelsesblandingen over den drænede tofu og vend forsigtigt med en tang, og beklæd alle tofustykkerne.
d) Overfør tofuen til airfryeren. Kog ved 350°F i 20 minutter. Ryst i 10 minutter.

58.Mongolsk Tofu

INGREDIENSER:
- Grundlæggende luftstegt tofu
- 1/4 kop sojasovs med lavt natriumindhold
- 1/4 kop vand
- 1/8 kop sukker
- 3 fed hvidløg, hakket
- 1/4 tsk malet ingefær

INSTRUKTIONER:

a) Mens tofuen koger i frituregryden, kombiner du sojasovsen, vand, sukker, hvidløg og ingefær i en gryde ved middelhøj varme. Bring blandingen i et let opkog, reducer derefter straks varmen til lav og lad det simre under omrøring af og til.

b) Når tofuen er færdig, kom den over i gryden, og fold tofuen forsigtigt ind i saucen, indtil alle terninger er dækket. Dæk til og lad det simre ved lav temperatur i cirka 5 minutter (eller indtil tofuen har absorberet saucen).

59.Tofu med sesamskorpe

INGREDIENSER:
- 1 (14 ounce) pakke ekstra fast tofu, frossen, optøet, drænet og presset
- 1/4 kop tamari eller sojasovs
- 1/8 kop riseddike
- 1/8 kop mirin (se note)
- 2 tsk sesamolie
- 2 tsk lys eller mørk agavesirup eller vegansk honning
- 2 tsk hakket hvidløg
- 1 tsk revet frisk ingefær
- 1 til 2 spritzes rapsolie
- 2 spsk sorte sesamfrø
- 2 spsk hvide sesamfrø
- 1 tsk kartoffelstivelse

INSTRUKTIONER:

a) Læg tofuen i en lufttæt beholder, der er omtrent på størrelse med tofublokken, så marinaden dækker den helt. I en lille skål kombineres tamari, eddike, mirin, sesamolie, agave, hvidløg og ingefær. Hæld marinaden over tofuen, dæk beholderen og stil den på køl i 1 til 8 timer (jo længere jo bedre).

b) Tag tofuen ud af beholderen og halver den på langs. Skær derefter hver halvdel i to på langs for at danne 4 tofubøffer. Gnid begge sider af hvert stykke i marinaden.

c) Sprøjt airfryer-kurven med rapsolien. Forvarm airfryeren til 390°F i 3 minutter.

d) Drys de sorte sesamfrø, hvide sesamfrø og kartoffelstivelse på en stor tallerken. Kombiner godt. Pres en tofubøf ned i frøene, vend om, og tryk den anden side af tofuen ind i frøene. Læg tofuen i airfryer-kurven og dup forsigtigt frøene oven på tofuen på plads. Tilføj flere frø, hvis det er nødvendigt, klap dem forsigtigt ind i tofuen. Læg tofuskiven til side på tallerkenen.

e) Sprøjt toppen af tofuen med ekstra rapsolie. Kog ved 390°F i 15 minutter. Efter cirka 7 minutter, brug forsigtigt en tang til at kontrollere, at tofuen ikke klistrer. (Vend ikke tofuen!)

60.Sambal Goreng Tempeh

INGREDIENSER:
- 8 ounce tempeh, skåret i 12 lige store tern
- 2 kopper varmt vand
- 2 tsk havsalt
- 1/2 tsk stødt gurkemeje
- 1 tsk rapsolie eller avocadoolie
- 2 tsk Tofuna Fysh Sauce eller 1 tsk sojasovs med lavt natriumindhold
- blandet med 1/4 tsk dulse flager
- 4 fed hvidløg
- 1/2 kop finthakket løg
- 1 tsk chili hvidløgspasta
- 1 tsk tamarindpasta
- 2 spsk tomatpure
- 2 spsk vand
- 2 tsk ponzu sauce

INSTRUKTIONER:

a) Placer tempeh i en mellemstor skål. I et mellemmålebæger blandes det varme vand og salt og hældes over tempeh. Lad tempeh trække i 5 til 10 minutter.

b) Dræn tempeen og kom den tilbage i skålen. Tilsæt gurkemeje, olie og Tofuna Fysh Sauce, og vend med en tang for at dække godt.

c) Overfør tempeh-terningerne til airfryer-kurven. Kog ved 320°F i 10 minutter. Ryst airfryer-kurven, øg varmen til 400°F, og kog i 5 minutter længere.

d) Mens tempehen er i airfryeren, kombiner du hvidløg, løg, chili-hvidløgspasta, tamarindpasta, tomatpasta, vand og ponzu-sauce i en foodprocessor og pulser i 20 til 30 sekunder. Overfør denne blanding til en mellemstor gryde og bring den hurtigt i kog ved medium-høj varme. Dæk saucen til, reducer varmen til lav, og lad det simre i 10 minutter.

e) Overfør den kogte tempeh til gryden og smid den i saucen med en ske eller tang for at dække hvert stykke godt. Dæk til og lad det simre ved lav temperatur i 5 minutter.

61. Tempeh Kabobs

INGREDIENSER:
- 8 ounce tempeh
- 3/4 kop grøntsagsbouillon med lavt natriumindhold
- Saft af 2 citroner
- 1/4 kop lavnatrium tamari eller sojasovs
- 2 teskefulde ekstra jomfru olivenolie
- 1 tsk ahornsirup eller mørk agavesirup
- 2 tsk stødt spidskommen
- 1 tsk stødt gurkemeje
- 1/2 tsk stødt sort peber
- 3 fed hvidløg, hakket
- 1 mellemstor rødløg, skåret i kvarte
- 1 lille grøn peberfrugt, skåret i tynde skiver
- 1 kop snittede, opstammede knapsvampe
- 1 kop halverede cherrytomater

INSTRUKTIONER:

a) Damp tempen i 10 minutter i en gryde på komfuret. Alternativt kan du dampe tempen i 1 minut på lavt tryk i en Instant Pot eller trykkoger; brug en quick release. Kombiner bouillon, citronsaft, tamari, olie, ahornsirup, spidskommen, gurkemeje, peber og hvidløg i en mellemstor skål. Sæt til side.

b) Skær tempeen i 12 tern. Overfør dem til en lufttæt beholder. Læg grøntsagerne i en anden lufttæt beholder. Hæld halvdelen af marinaden over tempeen og halvdelen over grøntsagerne. Dæk begge dele og stil på køl i 2 timer (eller op til natten over). Dræn tempeh og grøntsagerne, behold marinaden.

c) Træk 4 tern tempeh, skiftevis med grøntsagerne, på et spyd for at lave en kabob. Gentag denne proces for at lave 3 kabobs mere. Placer kabobs i airfryer-kurven eller på stativtilbehøret. (Hvis du bruger en mindre airfryer, skal du muligvis lave mad i to omgange.) Kog ved 390°F i 5 minutter. Vend kabobs og dryp den resterende marinade over dem. Kog i 5 minutter mere.

62.Bagte Gigante bønner

INGREDIENSER:
- 1 1/2 kopper kogte eller dåse smørbønner eller store nordlige bønner, skyllet og drænet
- 1 tsk ekstra jomfru olivenolie eller rapsolie
- 1 lille løg, skåret i 1/8-tommer tykke halvmåneskiver
- 1 fed hvidløg, hakket
- 1 (8-ounce) dåse tomatsauce
- 1 spsk grofthakket frisk persille
- 1/2 tsk tørret oregano
- 1/2 tsk vegansk kyllingebouillongranulat eller salt (valgfrit)
- 1/4 tsk friskkværnet sort peber

INSTRUKTIONER:
a) Læg bønnerne i en luftfriture sikker ildfast fad eller pande.
b) Opvarm olien i en medium gryde ved middelhøj varme. Tilsæt løg og hvidløg og svits i 5 minutter. Tilsæt tomatsauce, persille, oregano og bouillongranulat. Bring blandingen i kog, læg låg på gryden, reducer varmen til lav, og lad det simre i 3 minutter.
c) Forvarm airfryeren til 360°F i 3 minutter. Hæld tomatblandingen over bønnerne og bland godt. Drys peber over bønnerne. Læg bønnerne i airfryer-kurven. Kog ved 360°F i 8 minutter.

63. Personlige pizzaer

INGREDIENSER:
- 4 ounce tilberedt pizzadej eller vegansk pizzadej, der er købt i butikken
- 2 spritser ekstra jomfru olivenolie
- 1/3 kop pizzasauce
- 1/3 kop ikke-mælk revet mozzarellaost, delt
- 1/2 løg, skåret i 1/8-tommer tykke halvmåne skiver
- 1/4 kop champignon i skiver
- 2 til 3 sorte eller grønne oliven, udstenede og skåret i skiver
- 4 friske basilikumblade

INSTRUKTIONER:

a) Læg pizzadejen på en let meldrysset arbejdsflade og rul den ud, eller brug hænderne til at trykke den ud (husk størrelsen på din airfryer-kurv for at sikre, at den passer). Sprøjt dejen med olie og læg dejen med den olierede side nedad i airfryer-kurven. Kog ved 390 ° F i 4 til 5 minutter.

b) Når dejen er forkogt, åbner du airfryeren - vær forsigtig, da kurven er varm - og fordel saucen over dejen. Drys halvdelen af osten over saucen. Tilsæt løg, svampe, oliven og basilikum. Drys den resterende ost over toppingsene.

c) Kog ved 390°F i 6 minutter (eller 7 til 8 minutter for en meget sprød skorpe).

d) Brug en spatel til at fjerne pizzaen fra airfryeren.

64. Stegte hotdogs

INGREDIENSER:
- 4 veganske hotdogs
- 2 teskefulde mælkefrit smør
- 4 kringlepølseboller eller veganske pølseboller, der er købt i butikken

INSTRUKTIONER:

a) Skær hotdogsene i skiver på langs uden at skære hele vejen igennem dem. Spred hotdogsene fladt ud med snitsiden opad. Smør 1/2 tsk smør på hver hotdog.
b) Placer hotdogsene med smørsiden nedad i airfryeren. Kog ved 390°F i 3 minutter. Fjern og sæt til side.
c) Placer hotdog-bollerne i airfryeren og opvarm ved 400°F i 1 minut for at riste dem let. Server hotdogsene i bollerne med dine yndlingskrydderier.

65. Majshunde

INGREDIENSER:
- 1/2 kop majsmel
- 1/2 kop ubleget universalmel
- 2 spsk granuleret sukker
- 1 tsk bagepulver
- 1/2 tsk paprika
- 1/2 tsk malet sennep
- 1/4 tsk salt
- 1/8 tsk sort peber
- 1/2 kop iskoldt vand
- 2 spsk Follow Your Heart VeganEgg
- 1/2 kop sojamælk
- 6 veganske hotdogs

INSTRUKTIONER:
a) I en stor skål kombineres majsmel, mel, sukker, bagepulver, paprika, sennep, salt og peber.
b) I en lille skål piskes vandet og VeganEgg sammen. Tilsæt mælken og rør godt sammen. Vend langsomt vandblandingen ind i majsmelblandingen, pisk for at skabe en jævn dej. Hæld dejen i en høj murerkrukke eller drikkeglas. Forvarm airfryeren til 390°F i 5 minutter.
c) Læg 6 (3 x 5-tommer) stykker bagepapir ud (stor nok til at rulle hver mishandlet majshund).
d) Læg 1 hotdog på en træpind og dyp den i dejen.
e) Læg majshunden på en bagepapirsfirkant og rul den mishandlede hotdog sammen. Gentag denne proces med de resterende hotdogs. Den sidste kan blive rodet; læg den eventuelt på en tallerken, og skrab den resterende dej ud af mason krukken, og gnid dejen på hotdogen, inden du ruller den sammen i bagepapir.
f) Læg de indpakkede majshunde i en stor frysepose, og læg den fladt ud i fryseren. Stil på køl i fryseren i minimum 2 timer.
g) Tag de mishandlede majshunde ud af fryseren og pak dem ud. Læg et stykke bagepapir på airfryer-kurven (nok til at dække bunden, men uden overskydende papir over bunden af kurven). Læg majshundene på bagepapiret.
h) Du skal muligvis gøre dette i batches afhængigt af størrelsen på airfryeren; Hvis ja, lad eventuelle resterende majshunde blive i fryseren, indtil du er klar til at bruge dem. Kog ved 390°F i 12 minutter.

66.Fyldte bagte kartofler

INGREDIENSER:
- 2 mellemstore rødbrune kartofler, skrubbede
- 1 kop rest hjemmelavet chili eller gryderet eller 1 (15 ounce) dåse vegansk chili eller gryderet
- 1/2 kop strimlet cheddar- eller mozzarellaost uden mælk
- 1/4 kop ikke-mælkeholdig creme fraiche
- 2 spsk finthakket purløg

INSTRUKTIONER:
a) Gennembor kartoflerne med en gaffel og læg dem i airfryer-kurven. Kog ved 390°F i 30 minutter.
b) Varm chilien op på komfuret eller i mikroovnen, indtil den er varm.
c) Tag forsigtigt kartoflerne ud af kurven og skær dem på langs uden at skære dem helt igennem. Hæld 1/2 kop af den varme chili i hver kartoffel. Tilføj 1/4 kop ost over hver kartoffel.
d) Sæt kartoflerne tilbage i frituregryden og fortsæt med at lave mad ved 390°F i 5 til 10 minutter længere. Server kartoflerne med en klat creme fra che og purløg.

67. Stegte grønne bønner og bacon

INGREDIENSER:
- 6 ounces Tempeh Bacon eller vegansk bacon fra butik
- 1 tsk Vegan Magic eller DIY "Vegan Magic"
- 1 tsk granuleret sukker
- 12 ounce friske haricots verts (franske grønne bønner)

INSTRUKTIONER:
a) Læg baconen i airfryer-kurven. Kog ved 390°F i 5 minutter.
b) Kombiner Vegan Magic og sukker i en frituresikker pande. Tilsæt haricots verts og vend dem med en tang for at overtrække dem i Vegan Magic-blandingen.
c) Fjern baconen fra airfryer-kurven. Skær forsigtigt baconen i tern. Tilsæt bacon på panden og vend med haricots verts.
d) Kog ved 390°F i 4 minutter.

68.Bagt spaghetti

INGREDIENSER:
- 4 ounce tynd spaghetti
- 1 tsk ekstra jomfru olivenolie
- 8 ounce vegansk oksekød smuldrer
- 1/4 kop finthakket løg
- 2 fed hvidløg, hakket
- 1 tsk tørret oregano
- 1 tsk tørret basilikum
- 1 til 2 spritser ekstra jomfru olivenolie
- 1 (15 ounce) krukke marinara sauce
- 1 kop ikke-mælk revet mozzarellaost

INSTRUKTIONER:
a) Kog spaghettien i en stor gryde med kogende vand, til den er al dente, cirka 8 minutter. Dræn og sæt til side.
b) Varm olien op i en stor gryde ved lav varme. Tilsæt crumbles, løg, hvidløg, oregano og basilikum. Sauter indtil crumbles er opvarmet, 5 til 7 minutter.
c) Sprøjt en airfryer-sikker ret, der passer ind i airfryeren, med olien. Overfør halvdelen af spaghettien til fadet. Tilsæt halvdelen af crumbles, halvdelen af marinara saucen og halvdelen af osten. Tilsæt den resterende spaghetti, de resterende crumbles, endnu et lag marinara sauce og den resterende ost. Kog ved 350°F i 15 minutter.

69.Kødkugler

INGREDIENSER:
- 1/2 kop tør TVP
- 1/2 kop grøntsagsbouillon
- 1 1/2 kopper kogte (eller dåse) cannellini bønner, drænet og skyllet
- 1/4 kop malet hørfrø
- 2 spsk sesamfrø
- 2 spsk kikærtemel
- 1 tsk havsalt
- 2 spsk ernæringsgær
- 1 tsk tørret basilikum
- 1 tsk tørret timian
- 1 tsk varm sauce
- 1 til 2 spritzes rapsolie

INSTRUKTIONER:
a) Placer TVP'en i en mellemstor skål og hæld bouillonen over den. Lad TVP rehydrere i 10 minutter. Overfør TVP til en foodprocessor og tilsæt bønner, hørfrø, sesamfrø, mel, salt, næringsgær, basilikum, timian og varm sauce. Puls indtil ingredienserne danner en dejlignende konsistens.
b) Form frikadeller ved at øse ca. 2 spsk af TVP-blandingen ud og rulle dem i dine håndflader.
c) Sprøjt airfryer-kurven med olie. Læg frikadellerne i kurven (du skal muligvis tilberede mere end én omgang, afhængigt af størrelsen på din airfryer).
d) Kog ved 360°F i 10 til 12 minutter, mens du ryster halvvejs i tilberedningstiden.

70. Bagt Chick'n-Style Seitan

INGREDIENSER:
- 1 kop tør Seitan Mix
- 3/4 kop vegansk hønsebouillon
- 1 spsk lavnatrium tamari
- 1/2 tsk rapsolie
- 1/2 tsk blackstrap melasse
- 1 til 2 spritzes vegetabilsk olie spray

INSTRUKTIONER:
a) Hæld den tørre seitan-blanding i en røreskål.
b) Kombiner bouillon, tamari, rapsolie og melasse i en lille skål.
c) Sæt røremaskinen på med dejkrogen og tænd røremaskinen lavt. Tilsæt langsomt bouillonblandingen til den tørre seitanblanding. Øg hastigheden på standmixeren til høj og ælt seitanen i 5 minutter.
d) Smør en 7-tommers bradepande med 1 til 2 sprits af vegetabilsk olie. Tryk seitanen ned i gryden. (Hvis denne er for stor til din airfryer, så find en passende størrelse ovnsikker pande. Du skal muligvis tilberede seitanen i to omgange.) Dæk bradepanden med folie.
e) Sæt panden i airfryeren. Kog ved 350°F i 10 minutter. Fjern panden fra airfryeren, afdæk, vend seitanen med en spatel, og dæk panden igen. Kog 10 minutter længere.

71.Tør Seitan Mix

INGREDIENSER:

- 3 kopper vital hvedegluten
- 1/2 kop kikærtemel
- 1/4 kop ernæringsgær
- 4 tsk vegansk kyllingekrydderi
- 1 tsk hvidløgspulver
- 1 tsk friskkværnet sort peber

INSTRUKTIONER:

a) Kombiner gluten, mel, næringsgær, kyllingekrydderi, hvidløgspulver og peber i en stor skål.
b) Overfør blandingen til en lufttæt beholder, såsom en stor murerkrukke, og opbevar den i køleskabet i op til 3 måneder.

72. Chick'n-Fried Steak

INGREDIENSER:
- 1 kop tør Seitan Mix
- 3/4 kop vegansk hønsebouillon
- 1 spsk lavnatrium tamari
- 1/2 tsk rapsolie
- 1/2 tsk blackstrap melasse
- 1 til 2 spritzes vegetabilsk olie
- 1/2 kop sojamælk eller anden mælkefri mælk
- 3 spsk barbecue sauce
- 3 spsk kikærtemel
- 1 kop ubleget universalmel
- 1/4 kop ernæringsgær
- 2 spsk majsmel
- 1 tsk hvidløgspulver
- 1/2 tsk havsalt
- 1/4 tsk sort peber

INSTRUKTIONER:
a) Hæld den tørre seitan-blanding i en røreskål.
b) Kombiner bouillon, tamari, rapsolie og melasse i en lille skål.
c) Sæt røremaskinen på med dejkrogen og tænd røremaskinen lavt. Tilsæt langsomt bouillonblandingen til den tørre seitanblanding. Øg røremaskinens hastighed til høj og ælt seitanen i 5 minutter.
d) Spray en 7 x 7 x 3-tommer bradepande med 1 til 2 sprøjt vegetabilsk oliespray. Tryk seitanen ned i den tilberedte gryde. (Hvis denne størrelse pande er for stor til din airfryer, så find en passende størrelse ovnsikker pande. Du skal muligvis tilberede seitanen i to omgange.) Dæk bradepanden med folie.
e) Sæt panden i airfryeren. Kog ved 350°F i 10 minutter. Fjern panden fra airfryeren, afdæk, vend seitanen med en spatel, og dæk panden igen. Kog i 10 minutter længere. Tag seitanen ud af airfryeren og stil den til side.
f) I en mellemstor skål kombineres mælk, barbecuesauce og kikærtemel i en mellemstor skål.
g) I en lille skål kombineres universalmel, næringsgær, majsmel, hvidløgspulver, salt og peber. Overfør halvdelen af all-purpose melblandingen til en lufttæt beholder og halvdelen til et lavt fad til uddybning.
h) Forvarm airfryeren til 370°F i 3 minutter. Når seitanen er kølig nok til at røre ved, skær den i 4 stykker.
i) Dyp hvert stykke seitan i mælkeblandingen. Træk derefter seitanen gennem den universale melblanding. Tilsæt eventuelt mere af den allsidige melblanding fra den lufttætte beholder (ellers opbevar den resterende universalmelblanding i køleskabet til fremtidig brug). Kassér ikke mælkeblandingen, efter at alle seitanstykkerne er slået.
j) Kog den smækkede seitan ved 370°F i 2 minutter. Vend seitanen med en tang og kog i 2 minutter mere. Fjern chik'n-fried bøfferne fra airfryeren og dyp dem tilbage i den resterende mælkeblanding, og vend dem for at dække begge sider.
k) Kom chik'n-fried bøfferne tilbage i airfryeren og steg i 3 minutter mere.

73. Chick'n Pot Pie

INGREDIENSER:
- Fried kiks dej eller et (16-ounce) rør forberedt veganske kiks
- 1 tsk ekstra jomfru olivenolie (valgfrit)
- 2 fed hvidløg, hakket
- 1 kop finthakket løg
- 1/2 kop finthakket gulerod
- 1/2 kop grofthakket selleri
- 1 tsk tørret timian
- 1/2 tsk havsalt
- 1/4 tsk sort peber
- 4 ounce veganske kyllingestrimler, optøet, hvis de er frosne
- 1 kop Svampe-hvidbønnesovs eller Pacific-mærke eller Imagine vegansk svampesovs

INSTRUKTIONER:

a) Forbered halvdelen af kiksedejen og stil til side (må ikke bage den).
b) Varm olien op i en stor gryde ved middel varme. Tilsæt hvidløg, løg, gulerod, selleri, timian, salt og peber og kog i 5 til 8 minutter, indtil gulerødderne er møre med en let knas.
c) Hak kyllingestrimlerne groft og kom dem i gryden. Hæld sovsen i gryden, rør rundt og bring blandingen i kog. Dæk til, reducer varmen til lav, og lad det simre i 10 minutter.
d) Fordel pot pie blandingen mellem 2 (5-tommer diameter) ramekins eller bradepander.
e) Forvarm airfryeren til 360° i 5 minutter. Hvis du bruger den stegte kiksedej, skal du dele dejen i to. Brug hænderne til at flad 2 stykker dej ud til at gå over hver ramekin. Hvis du bruger kiks fra butik, Ingredienser i alt 4 kiks. Brug hænderne til at kombinere 2 kiks og flad dem ud til en dej, så de dækker en ramekin. Gentag denne proces for at skabe et andet stykke dej til den anden ramekin.
f) Tag 1 kiks dej halvdel og dæk en ramekin. Crimp dejen rundt om kanten af ramekinen for at dække pot pie-blandingen helt. Gentag denne proces med den anden halvdel af kiksedejen og den anden ramekin.
g) Læg ramekins i airfryeren. (Du skal muligvis tilberede en grydetærte ad gangen, afhængigt af størrelsen på din airfryer; i så fald placer den første kogte grydetærte i en varm ovn, mens du tilbereder den anden.)
h) Kog grydetærterne ved 360°F i 8 minutter, indtil de er gyldenbrune. Brug silkonehandsker eller varmepuder med en spatel til forsigtigt at fjerne pot pies fra airfryeren.

74.Stegt Tacos

INGREDIENSER:
- 4 (6-tommer) mel tortillas
- 4 spritzes rapsolie spray
- 2 kopper frosne veganske krydret oksekødscrumbles (såsom Beyond Meat Feisty Crumble)
- 1 kop strimlet ikke-mejeri cheddar eller peber Jack ost
- 2 kopper revet salat
- 1 kop finthakkede tomater
- 1/2 kop finthakket løg

INSTRUKTIONER:
a) Forvarm airfryeren til 360°F i 3 minutter. Placer en tacoholder i rustfrit stål i airfryeren.
b) Drys den ene side af tortillaerne med rapsolie. Sæt tortillaerne i tacoholderen med den olierede side udad. Hæld 1/2 kop oksekødsmulder i hver tortilla. Tilføj 1/4 kop ost til hver tortilla.
c) Kog ved 360°F i 8 minutter.
d) Fjern tacostativet fra airfryeren med en tang. Pynt hver taco med 1/2 kop salat, 1/4 kop tomater og 2 spiseskefulde løg.

75.Gourmet grillet ost

INGREDIENSER:
- 1 lille Anjou eller asiatisk pære (eller enhver saftig, blød pære)
- 1 lille Vidalia eller sødt løg
- 1/4 tsk sukker
- 1/2 til 1 tsk ekstra jomfru olivenolie eller mælkefrit smør
- 1/2 kop mælkefri flødeost
- 4 skiver surdejsbrød eller andet sprødt brød
- 2 til 4 spritser ekstra jomfru olivenolie

INSTRUKTIONER:
a) Skær pæren på langs i tynde skiver. Skær løget i tynde halvmåneskiver. Læg pære, løg og sukker på et stykke folie.
b) Dryp olien over (eller læg smørret på) pære og løg. Pak folien løst rundt om pære og løg. Placer folieposen i luftkurvfrituregryden. Kog ved 390°F i 15 minutter.
c) Fjern folieposen fra airfryeren med en tang eller en spatel, åbn folien for at frigive dampen, og sæt den til side.
d) Fordel 2 spsk flødeost på 1 skive brød. Brug en tang og læg halvdelen af den karamelliserede pære og løg ovenpå flødeosten. Fordel yderligere 2 spsk flødeost på endnu en skive brød. Læg denne skive brød oven på pære og løg.
e) Gentag denne proces for at lave den anden sandwich. Spray airfryer-kurven med olie. Læg sandwichene i airfryeren.
f) Drys toppen af brødet med mere olie. Kog ved 390°F i 5 til 7 minutter, indtil brødet er gyldenbrunt.

76.Ristede kikærter og broccoli

INGREDIENSER:
- 1 (15-ounce) dåse kikærter, drænet, skyllet og klappet tør
- 1/2 kop tynde halvmåne løgskiver
- 1 tsk rapsolie
- 1 tsk sojasovs med lavt natriumindhold
- 1 tsk malet ingefær
- 1/2 tsk granuleret hvidløg
- 1/2 tsk sort peber
- 1/2 tsk karrypulver
- 2 kopper broccolibuketter
- 1 spsk sesamfrø, til servering

INSTRUKTIONER:
a) Kom kikærter, løg, olie og sojasovs i en stor skål. Tilsæt ingefær, granuleret hvidløg, peber og karry og vend indtil alle kikærter er godt belagte.
b) Overfør kikærterne til airfryer-kurven med en hulske (for at reservere olien og sojasovsmarinade). Kog ved 390°F i 7 minutter, ryst ved 5 minutter.
c) Kombiner broccolien med den resterende marinade i en stor skål.
d) Overfør til airfryeren efter kikærter og løg har kogt i 7 minutter. Vend forsigtigt broccolien med kikærter og løg.
e) Fortsæt med at koge ved 390°F i yderligere 5 minutter, mens du ryster halvvejs gennem tilberedningstiden, indtil broccolien er mør, men bevarer en let knas.
f) Drys 1/2 spsk sesamfrø over hver portion.

77. Seitan Fajitas

INGREDIENSER:
- 8 ounce Bagt Chick'n-Style Seitan, skåret i 1/2-tommer tykke strimler eller købte seitan-strimler
- 1 stor rød peberfrugt, skåret i 1/4-tommer tykke strimler
- 1 stor grøn peberfrugt, skåret i 1/4-tommer tykke strimler
- 1 mellemstor løg, skåret i 1/4-tommer tykke halvmåne skiver
- 3 fed hvidløg, groft hakket
- 1 tsk rapsolie
- 1/2 tsk chilipulver
- 1/2 tsk stødt spidskommen
- 1/2 tsk paprika
- 1/4 tsk havsalt
- 1/4 tsk sort peber
- 4 (12-tommer) mel tortillas

INSTRUKTIONER:
a) Læg seitanskiverne i en stor skål (hvis du bruger emballeret seitan, skal du dræne dem, før de lægges i skålen).
b) Tilsæt den røde peberfrugt, den grønne peberfrugt, løg og hvidløg til skålen med seitanen.
c) Dryp olien over seitanen og grøntsagerne og vend med en tang til at dække. Tilsæt chilipulver, spidskommen, paprika, salt og peber, rør rundt for at kombinere.
d) Overfør blandingen til airfryer-kurven. Kog ved 370°F i 10 til 12 minutter, mens du ryster halvvejs i tilberedningstiden.
e) Varm tortillaerne i ovnen eller mikroovnen.
f) Saml fajitaerne ved at lægge en fjerdedel af seitanen og grøntsagerne i hver tortilla.

78.Taco salat

INGREDIENSER:

- 4 (8-tommer) mel tortillas
- 8 ounce bagt Chick'n-Style Seitan eller butikskøbt seitan, groft hakket
- 1 (15 ounce) dåse pinto bønner, drænet og skyllet
- 3/4 kop salsa
- 1/2 kop finthakket løg
- 1 kop revet cheddarost uden mælk
- 2 kopper fintrevet salat
- 1 kop finthakkede tomater

INSTRUKTIONER:

a) Pres tortillaerne i skalforme. Sæt til side.
b) Læg seitanen i en mellemstor skål. Tilsæt bønner, salsa og løg. Kombiner godt.
c) Fordel seitanblandingen mellem tortillaerne. Det er sandsynligt, at du kun vil være i stand til at lave 2 tacosalater på én gang i en stor airfryer og 1 i en lille airfryer. Tænd ovnen for at blive varm for at opvarme hver tacosalat, når den kommer ud af airfryeren.
d) Placer så mange tortillaskaller i airfryeren, som der er plads til. Kog ved 360°F i 5 minutter.
e) Tilsæt 1/2 kop ost til hver tortilla. Kog ved 360°F i 2 minutter længere. Overfør de kogte tortillaskåle til ovnen for at varme, mens du tilbereder det næste sæt.
f) Når alle tortillaskålene er kogt, skal du forsigtigt bruge en tang til at glide dem fra tortilla-skalformen til en serveringsfad. Tilføj 1 kop revet salat og 1/2 kop tomater til hver tacosalat.

79.Tempeh Fried Rice

INGREDIENSER:
- 8 ounce tempeh
- 1/2 kop grofthakkede shiitakesvampe
- 1/2 kop plus 1 spsk sojasovs med lavt natriumindhold, delt
- 2 spsk ahornsirup
- 1 tsk ekstra jomfru olivenolie
- 2 fed hvidløg, hakket
- 1/2 kop iskoldt vand
- 2 spsk Follow Your Heart VeganEgg
- 1/4 tsk sort salt
- 1 1/2 kopper kogte brune ris
- 2 spsk ernæringsgær
- 1 kop bønnespirer
- 1 kop revet kål
- 1 tsk chilipasta

INSTRUKTIONER:
a) Damp tempehen i 10 minutter i en mellemstor gryde på komfuret (eller i 1 minut på lavt tryk i en Instant Pot eller trykkoger; brug en hurtigudløser). Skær tempeen i 12 stykker og kom den over i et lavt fad. Tilsæt svampene.

b) I en lille skål piskes 1/2 kop sojasovs, ahornsirup, olie og hvidløg sammen. Hæld marinaden over tempeh og svampe. Dæk fadet med folie og stil det til side for at marinere i mindst 30 minutter (eller op til natten over).

c) Forvarm airfryeren til 390°F i 5 minutter. Puls vandet, VeganEgg og sort salt sammen i en blender. Overfør den marinerede tempeh og svampe til en nonstick-luftfriterepande eller bradepande, der passer i din airfryer. Tilsæt de kogte ris til gryden.

d) Hæld VeganEgg-blandingen over risene. Tilsæt næringsgær, spirer, kål, resterende 1 spsk sojasauce og chilipasta.

e) Bland godt og dup risene ned. Kog ved 390°F i 10 minutter, og kast risblandingen med en tang halvvejs gennem tilberedningstiden.

80.Soy Curl Kimchee forårsruller

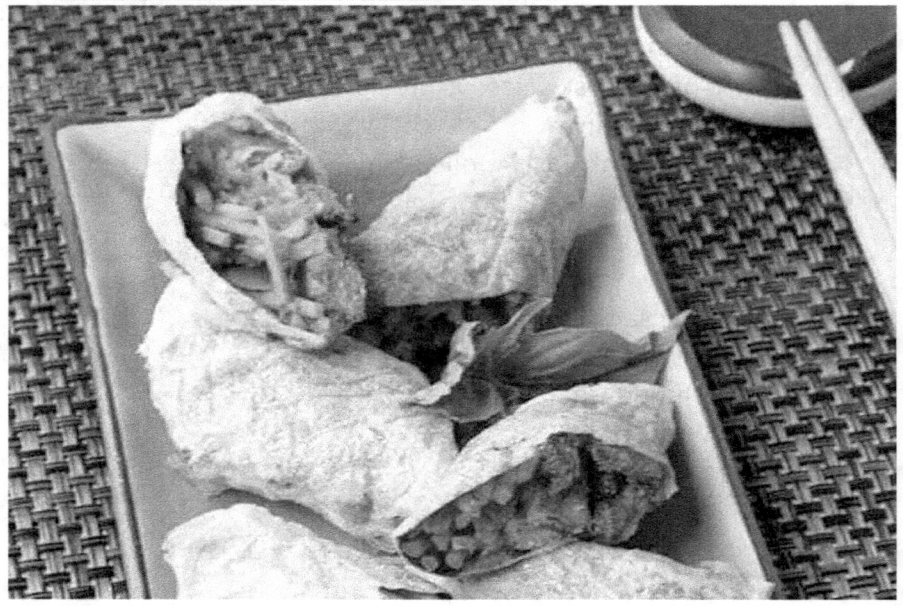

INGREDIENSER:
- 1 kop Soy Curl Fries eller veganske frosne kyllingestrimler
- 1 lille gulerod
- 4 friske basilikumblade
- 1/2 kop hjemmelavet eller købt vegansk kimchee
- 4 (6 til 8 1/2-tommer) rispapirark
- 2 til 3 spritzes rapsolie

INSTRUKTIONER:
a) Forbered Soy Curl Fries. Hvis du bruger veganske kyllingestrimler, så tø dem op og skær dem i halve på langs.
b) Skær guleroden i tændstik og del tændstikkerne i fire.
c) Dyp 1 ark rispapir i varmt vand i 5 sekunder eller indtil det er fugtet. Læg det fugtige rispapir på en arbejdsflade og lad det sidde i 30 sekunder eller indtil det er smidigt. Læg 1 basilikumblad på rispapiret. Tilsæt en fjerdedel af gulerodstændstikkerne, 2 spsk kimchee og 1/4 kop Soy Curl Fries.
d) Rul rispapiret ved at trække kanten væk fra skærebrættet. Rul over fyldet, mens du samler og stikker fyldet ind under indpakningen, rul indtil du kommer til enden af papiret. Gentag denne proces, indtil du har lavet 4 forårsruller.
e) Sprøjt 1 til 2 spritzes rapsolie på airfryer-kurven. Læg forårsrullerne i airfryer-kurven og sprøjt toppen af rullerne med de resterende 1 til 2 spritzer olie. Kog ved 400°F i 6 minutter, mens du ryster halvvejs gennem tilberedningstiden.

81. Lasagne gryderet

INGREDIENSER:

- 1 lille zucchini
- 1 lille gul squash
- 1 mellemstor løg
- 1 stor rød peberfrugt
- 5 ounce mozzarellaost uden mælk i bøffel-stil
- 1/4 kop skiver udsterede, oliehærdede sorte oliven
- 1 tsk tørret basilikum
- 1 tsk havsalt
- 1/2 tsk tørret oregano
- 1/4 tsk rød peberflager
- 1/4 tsk stødt sort peber
- 1 (15-ounce) dåse tomatsauce
- 1/4 kop revet ikke-mælkefri parmesanost

INSTRUKTIONER:

a) Skær zucchini og gul squash på langs i 1/8- til 1/4-tommer tykke strimler. Del begge dele i to.

b) Skær løget i halvmåneskiver. Del skiverne i tre dele. Skær peberfrugten på langs i 1 1/2-tommer strimler. Del strimlerne i tre dele.

c) Skær mozzarellaen i 1/4-tommers tern. Overfør terningerne til en lille skål og tilsæt oliven, basilikum, salt, oregano, rød peberflager og peber. Bland godt og del blandingen i tre dele.

d) Forvarm airfryeren til 360°F i 5 minutter. Spred 1/2 kop af tomatsaucen i bunden af en 6 til 7-tommers bradepande. Læg en del hver af zuchinni, squash, løg og peber ovenpå tomatsaucen. Tilsæt den første tredjedel af mozzarellablandingen. Gentag denne proces for yderligere 2 lag. Drys det øverste lag med parmesan.

e) Dæk bradepanden med folie, overfør til airfryeren og kog ved 360°F i 15 minutter. Afdæk og kog i 10 minutter mere.

82. Kartofler, spirer og sojakrøller

INGREDIENSER:
- 1 stor rødbrun kartoffel, skåret i 1/2-tommers terninger
- 1 1/2 tsk rapsolie, delt
- 1/2 tsk havsalt
- 1/4 tsk sort peber
- 2 kopper tørre sojakrøller
- 2 kopper varmt vand
- 16 ounce rosenkål, trimmet og halveret på langs
- 1 tsk balsamicoeddike
- 1 1/2 tsk vegansk oksebouillongranulat
- 1 tsk stødt spidskommen
- 1 tsk chilipulver
- 1 tsk tørret dild
- 1 spsk kikærtemel
- 1 spsk majsstivelse

INSTRUKTIONER:
a) Smid kartoflen i 1/2 tsk af olien, salt og peber og overfør til airfryeren. Kog ved 400°F i 10 minutter. I en mellemstor skål skal du rehydrere sojakrøllerne i det varme vand i 10 minutter. I en mellemstor skål, smid rosenkålen med 1/2 tsk af rapsolien og eddike.
b) Når airfryeren bipper efter 10 minutter, overføres rosenkålen til airfryeren med kartoflerne. Ryst og kog ved 400°F i 3 minutter.
c) Dræn sojakrøllerne, overfør dem tilbage til skålen og vend dem med bouillongranulat, spidskommen, chilipulver, dild, kikærtemel, majsstivelse og den resterende 1/2 tsk rapsolie.
d) Når airfryeren bipper efter 3 minutter, overføres de coatede sojakrøller til kurven med kartoflerne og rosenkålen.
e) Ryst og indstil timeren til 15 minutter. Ryst hvert 5. minut.

83. Calzone

INGREDIENSER:
- 4 ounce tilberedt pizzadej eller vegansk pizzadej, der er købt i butikken
- 1/4 kop revet mozzarellaost uden mælk
- 1/4 kop champignon i skiver
- 1/4 kop hakket løg
- 2 ounce vegan italiensk-stil seitan crumbles eller vegansk pepperoni
- 1/4 kop pizzasauce
- 1/2 tsk tørret oregano
- 1/2 tsk tørret basilikum
- 1/2 kop løst pakkede babyspinatblade
- 2 til 3 spritser ekstra jomfru olivenolie eller rapsolie

INSTRUKTIONER:
a) Lad pizzadejen få stuetemperatur. Håndtryk eller rul dejen ud til cirka 10 centimeter.
b) Hvis du bruger en grillindsats, skal du placere den inde i airfryeren. Forvarm airfryeren til 390°F.
c) Saml lag på den ene halvdel af den rullede dej. Start med osten, og tilsæt derefter svampe, løg, seitan-crumbles, pizzasauce, oregano, basilikum og spinat. Vend den anden halvdel af dejen over fyldet. Krymp kanterne ved at trække det nederste lag dej over det øverste lag.
d) Skær tre små skiver på den øverste del af dejen for at lufte ud. Sprøjt grillindsatsen eller airfryer-kurven med olien. Brug en stor spatel til at overføre calzone til airfryer-kurven. Sprøjt toppen af calzone med ekstra olie.
e) Kog ved 390°F i 7 til 8 minutter, indtil skorpen er gyldenbrun. Skub calzonen over på et skærebræt eller serveringsfad. Skær i 2 stykker og server.

84. Stegte Sushi ruller

INGREDIENSER:
- 4 (6 til 8 1/2-tommer) ark rispapir
- 4 (8 x 7-tommer) ark nori
- 1/4 kop kogte sushiris ved stuetemperatur
- 1/4 kop optøet edamame
- 1 kop tyndt skåret rød peberfrugt, gulerod og jicama
- 1 til 2 spritzes avocadoolie eller ekstra jomfru olivenolie

INSTRUKTIONER:
a) Dyp 1 ark rispapir i varmt vand i cirka 5 sekunder, eller indtil det er fugtet. Læg det fugtige rispapir på en arbejdsflade og lad det sidde i 30 sekunder eller indtil det er smidigt.
b) Læg 1 nori-ark på det våde rispapir. Hæld 1 spsk sushiris på nori-arket, og lav en streg med risene. Hæld 1 spiseskefuld edamame på nori-arket ved siden af risene, så du danner en ny linje. Saml 1/4 kop af den skivede grøntsagsblanding sammen med ris og edamame.
c) Rul rispapiret ved at trække kanten væk fra skærebrættet. Rul over fyldet, mens du samler og putter nori-arket og fyldet under rispapiret, rul indtil du kommer til enden af papiret. Gentag denne proces, indtil du har lavet 4 ruller.
d) Læg rullerne i airfryer-kurven. Drys rullerne med olie. Kog ved 390°F i 5 minutter, ryst halvvejs i tilberedningstiden.

SERVICE

85.Air Fryer Blomkål

INGREDIENSER:

- 3/4 spiseskefulde varm sauce
- 1 spsk avocadoolie
- Salt efter smag
- 1 mellemstor blomkålshoved skåret i bidder, vasket og tørret helt

INSTRUKTIONER:

a) Forvarm airfryeren til 400F / 200C
b) Bland varm sauce, mandelmel, avocadoolie og salt i en stor skål.
c) Tilsæt blomkål og bland, indtil det er dækket.
d) Tilsæt halvdelen af blomkålen i airfryeren og steg i 1215 min (eller indtil den er sprød i kanterne med et lille bid stadig, eller den når den ønskede færdighed).
e) Sørg for at åbne airfryeren og ryst friturekurven 23 gange for at vende blomkålen. Fjern og sæt til side.
f) Tilføj det andet parti, men kog det i 23 minutter mindre .
g) Serveres lune (selvom de også kan serveres kolde) med lidt ekstra varm sauce til dypning.

86. Jicama Fries

INGREDIENSER:
- 8 kopper Jicama, skrællet, skåret i tynde tændstik
- 2 spsk olivenolie
- 1/2 tsk hvidløgspulver
- 1 tsk Spidskommen
- 1 tsk havsalt
- 1/4 tsk sort peber

INSTRUKTIONER:
a) Kog en stor gryde vand på komfuret. Tilsæt jicama-fritterne og kog i 12 til 15 minutter, indtil de ikke længere er sprøde.
b) Når jicamaen ikke er sprød længere, fjernes og duptes tør.
c) Indstil luftfritureovnen til 400 grader og lad den forvarme i 2 til 3 minutter. Smør airfryerens stativer eller kurv, som du skal bruge.
d) Læg fritterne i en stor skål sammen med olivenolie, hvidløgspulver, spidskommen og havsalt. Kast til belægning.

87.Grøntsags Kabobs

INGREDIENSER:

- 1 kop (75 g) knapsvampe
- 1 kop (200 g) druetomater
- 1 lille zucchini skåret i stykker
- 1/2 tsk stødt spidskommen
- 1/2 peberfrugt i skiver
- 1 lille løg skåret i stykker (eller 34 små skalotteløg, halveret)
- Salt efter smag

INSTRUKTIONER:

a) Læg spyddene i blød i vand i mindst 10 minutter før brug.
b) Forvarm en airfryer til 390F / 198C.
c) Træk grøntsager på spyddene.
d) Læg spyd i airfryeren, og sørg for, at de ikke rører ved hinanden. Hvis airfryer-kurven er lille, skal du muligvis skære enderne af spyddene til, så de passer.
e) Kog i 10 minutter , vend halvvejs gennem tilberedningstiden. Da luftfriturerens temperaturer kan variere, skal du starte med mindre tid og derefter tilføje mere efter behov.
f) Overfør veggie kabobs til en tallerken og server.

88.Spaghetti squash

INGREDIENSER:
- 1 (2 lbs.) spaghetti squash
- 1 kop vand
- Koriander til servering
- 2 spsk frisk koriander til pynt

INSTRUKTIONER:
a) Skær squashen i halve. Fjern frøene fra deres midte.
b) Hæld en kop vand i indsatsen på Instant Pot og placer bordskånet indeni.
c) Anbring de to halvdele af squashen over bordskånet med skindsiden nedad.
d) Fastgør låget og vælg "Manuel" med højt tryk i 20 minutter.
e) Efter bippet, lav en Natural release og fjern låget.
f) Fjern squashen og brug to gafler til at rive den indefra.
g) Server eventuelt med krydret svinekødsfyld.

89.Agurk Quinoa salat

INGREDIENSER:
- ½ kop quinoa, skyllet
- ¾ kop vand
- ¼ tsk salt
- ½ gulerod, skrællet og revet
- ½ agurk, hakket
- ½ kop frossen edamame, optøet
- 3 grønne løg, hakket
- 1 kop revet rødkål
- ½ spsk sojasovs
- 1 spsk limesaft
- 2 spsk sukker
- 1 spiseskefuld vegetabilsk olie
- 1 spsk friskrevet ingefær
- 1 spsk sesamolie
- knivspids rød peberflager
- ½ kop jordnødder, hakkede
- ¼ kop friskhakket koriander
- 2 spsk hakket basilikum

INSTRUKTIONER:
a) Tilsæt quinoa, salt og vand til Instant Pot.
b) Fastgør låget og vælg funktionen "Manuel" med højt tryk i 1 minut.
c) Efter bippet, lav en hurtig slip og fjern låget.
d) Tilsæt imens de resterende ingredienser i en skål og bland godt.
e) Tilsæt den kogte quinoa til den tilberedte blanding og bland dem godt.
f) Server som salat.

90. Lime kartofler

INGREDIENSER:
- ½ spsk olivenolie
- 2 ½ mellemstore kartofler, skrubbede og skåret i tern
- 1 spsk frisk rosmarin, hakket
- Friskkværnet sort peber efter smag
- ½ kop grøntsagsbouillon
- 1 spsk frisk citronsaft

INSTRUKTIONER:
a) Kom olie, kartofler, peber og rosmarin i Instant Pot.
b) "Saut" i 4 minutter under konstant omrøring.
c) Tilsæt alle de resterende ingredienser i Instant Pot.
d) Fastgør låget og vælg funktionen "Manuel" i 6 minutter med højt tryk.
e) Udfør en hurtig slip efter bippet og fjern derefter låget.
f) Rør forsigtigt rundt og server lun.

91. Auberginer i asiatisk stil

INGREDIENSER:
- 1 pund auberginer, skåret i skiver
- 2 spsk sukkerfri sojasovs
- 6 spsk sesamolie
- 1 spsk sesamfrø til servering
- Salt og peber efter smag

INSTRUKTIONER:
a) Forvarm din Air Fryer- maskine til 185 grader F
b) Læg alle ingredienser i vakuumposen.
c) Luk posen, læg den i vandbadet, og indstil timeren til 50 min.
d) Når tiden er gået, brunes auberginerne i en støbejernsgryde i et par minutter.
e) Server straks drysset med sesamfrø.

92. Krydrede grønne bønner i kinesisk stil

INGREDIENSER:
- 1 pund lange grønne bønner
- 2 spsk chilisauce
- 2 fed hvidløg, hakket
- 1 spsk løgpulver
- 1 spsk sesamolie
- Salt efter smag
- 2 spsk sesamfrø til servering

INSTRUKTIONER:
a) Forvarm din Air Fryer- maskine til 185 grader F.
b) Læg ingredienserne i vakuumposen.
c) Luk posen, læg den i vandbadet, og indstil timeren til 1 time.
d) Drys bønnerne med sesamfrø og server.

93.Aubergine og Zucchini-blanding med urter

INGREDIENSER:
- 1 aubergine; groft i terninger
- 3 zucchinier; groft i terninger
- 2 spsk citronsaft
- 1 tsk timian; tørret
- Salt og sort peber efter smag
- 1 tsk oregano; tørret
- 3 spsk olivenolie

INSTRUKTIONER:
a) Læg aubergine i et fad, der passer til din airfryer, tilsæt zucchini, citronsaft, salt, peber, timian, oregano og olivenolie, vend, kom i din airfryer og kog ved 360 °F i 8 minutter
b) Fordel mellem tallerkener og server med det samme.

94.Kogt Bok Choy

INGREDIENSER:
- 1 fed hvidløg, knust
- 1 bundt bok choy, trimmet
- 1 kop eller mere vand
- Salt og peber efter smag

INSTRUKTIONER:
a) Tilsæt vand, hvidløg og bok choy til Instant Pot.
b) Fastgør låget og vælg funktionen "Manuel" i 7 minutter med højt tryk.
c) Efter bippet, lav en hurtig slip og fjern låget.
d) Si den kogte bok choy og overfør den til et fad.
e) Drys lidt salt og peber på toppen.
f) Tjene.

DESSERT

95.Frugt Crumble

INGREDIENSER:
- 1 mellemstor æble, fint skåret
- 1/2 kop frosne blåbær, jordbær eller ferskner
- 1/4 kop plus 1 spsk brunt rismel
- 2 spsk sukker
- 1/2 tsk stødt kanel
- 2 spiseskefulde mælkefrit smør

INSTRUKTIONER:
a) Forvarm airfryeren til 350°F i 5 minutter.
b) Kombiner æblet og de frosne blåbær i en airfryer-sikker bradepande eller ramekin.
c) I en lille skål kombineres mel, sukker, kanel og smør. Hæld melblandingen over frugten.
d) Drys lidt ekstra mel over det hele for at dække eventuel udsat frugt.
e) Kog ved 350°F i 15 minutter.

96. Lommer til frugtbagværk

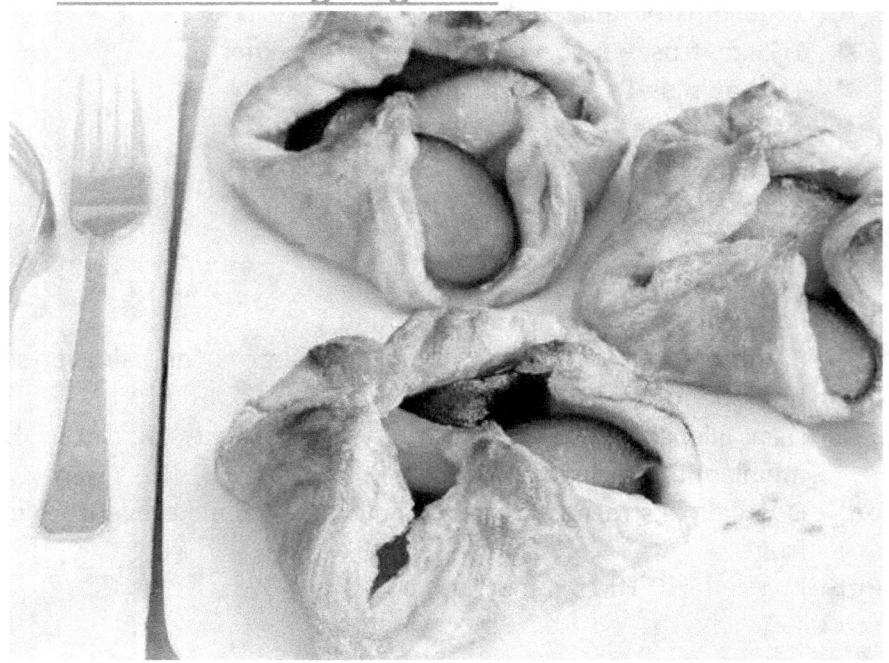

INGREDIENSER:
- 4 ounce vegansk halvmåne rulledej
- 1 spsk ubleget universalmel
- 6 ounce friske blåbær, jordbær eller brombær
- 1/2 tsk granuleret sukker
- 1/4 tsk stødt kardemomme
- 1/4 tsk malet ingefær
- 1 tsk pulveriseret sukker

INSTRUKTIONER:
a) Del halvmånerulledejen i 4 lige store dele. Drys melet på en arbejdsflade og rul dejstykkerne ud til 5 x 5-tommer stykker, brug mere mel efter behov for at undgå at klæbe.
b) Kombiner blåbær, sukker, kardemomme og ingefær i en mellemstor skål.
c) Forvarm airfryeren til 360°F i 4 minutter. Hæld cirka 1/3 kop af blåbærblandingen på hvert stykke dej. Fold hvert hjørne ind mod midten.
d) Arbejd kanterne af dejen for at sikre, at den er forseglet; det vil ligne en lomme. Kog ved 360 ° F i 6 til 7 minutter, eller indtil de er gyldenbrune.
e) Drys flormelis på kagelommerne inden servering.

97.Bagte æbler

INGREDIENSER:
- 1/2 kop havregryn
- 1 tsk brun farin
- 1 spsk mælkefrit smør, blødgjort
- 1 spsk grofthakkede pekannødder
- 1 tsk stødt kanel
- 4 store Granny Smith eller andre bageæbler, udkernede

INSTRUKTIONER:
a) Forvarm airfryeren til 360°F i 5 minutter.
b) I en lille skål kombineres havre, brun farin, smør, pekannødder og kanel.
c) Brug en lille ske til at fylde æblerne med havreblandingen. Kog ved 360°F i 20 til 25 minutter.

98. Karamelliseret frugt-og-nødder topping

INGREDIENSER:
- 1 tsk sukker
- 1 tsk lys agavesirup
- 1 tsk mælkefrit smør
- 1/2 kop grofthakkede valnødder
- 1/2 kop groft hakkede pekannødder
- 1/2 kop groft hakkede tørrede abrikoser, kirsebær, tranebær eller rosiner
- 1/4 tsk stødt kanel

INSTRUKTIONER:
a) Kombiner sukker, agavesirup og smør i en airfryer-sikker bradepande.
b) Opvarm panden i airfryeren i 2 minutter ved 360°F. Fjern fra airfryeren.
c) Tilsæt valnødder, pekannødder, abrikoser og kanel. Kast til belægning. Sæt panden tilbage i airfryer-kurven.
d) Kog ved 390°F i 5 minutter, under omrøring i 3 minutter.

99.Fried Ginger-O's

INGREDIENSER:
- 3/4 kop vegansk instant pandekageblanding
- 2/3 kop vand
- 1/4 kop sojamel
- 1/8 tsk vaniljeekstrakt
- 1/2 tsk sukker
- 8 Newman's Own Ginger-O's sandwich cookies

INSTRUKTIONER:
a) Forvarm airfryeren til 390°F i 5 minutter. Læg et stykke bagepapir på airfryer-kurven; lige nok til at dække bunden og uden at overskydende eksponeres.
b) Kombiner pandekageblandingen, vand, sojamel, vanilje og sukker i en stor skål, og pisk godt.
c) Dyp kagerne i dejen en ad gangen med en tang. Ryst overskydende dej af og overfør småkagerne til airfryer-kurven. Du skal muligvis gøre dette i batches, baseret på størrelsen på din airfryer.
d) Kog ved 390°F i 5 minutter. Vend kagerne, og fjern bagepapiret. Kog i 2 til 3 minutter mere. Småkagerne er færdige, når de er gyldenbrune.

100.Æbletærte Taquitos

INGREDIENSER:
- 2 til 3 spritzes rapsolie
- 1/4 kop æbletærtefyld eller chunky æblemos (følger)
- 2 (6-tommer) majstortillas
- 1 tsk stødt kanel, delt

INSTRUKTIONER:
a) Sprøjt airfryer-kurven med olie.
b) Fordel 2 spsk tærtefyld på 1 tortilla. Rul tortillaen sammen og læg den i airfryer-kurven.
c) Gentag denne proces for at oprette den anden taquito. Drys mere olie på toppen af tortillaerne. Drys 1/2 tsk af kanel over taquitos.
d) Kog ved 390°F i 4 minutter. Vend taquitos, drys den resterende 1/2 tsk kanel over taquitos og kog i 1 minut længere.

KONKLUSION

Når vi afslutter vores dejlige rejse gennem "Den perfekte veganske kogebog til en frituregryde", håber vi, at du har oplevet glæden ved at skabe hurtige og nemme, sunde veganske måltider med bekvemmeligheden af din airfryer. Hver opskrift på disse sider er en fejring af plantebaseret godhed, effektivitet og de lækre muligheder, som airfryeren bringer til dit køkken – et vidnesbyrd om de sundhedsbevidste og smagsfyldte lækkerier ved vegansk madlavning.

Uanset om du har nydt enkelheden ved luftstegte grøntsager, omfavnet innovationen af plantebaserede burgere eller glædet dig over skyldfri luftstegte desserter, stoler vi på, at disse opskrifter har tændt din passion for vegansk luftstegt køkken. Ud over ingredienserne og teknikkerne, må konceptet med den ultimative veganske luftfriturekogebog blive en kilde til inspiration, effektivitet og en fejring af den glæde, der følger med enhver nærende og smagfuld kreation.

Mens du fortsætter med at udforske verden af vegansk luftstegt madlavning, må "Den perfekte veganske kogebog til en frituregryde" være din betroede følgesvend, der guider dig gennem en række opskrifter, der viser enkelheden og sundheden af plantebaseret køkken. Her skal du nyde hurtige og nemme, sunde veganske måltider, skabe kulinariske mesterværker og omfavne den lækkerhed, der følger med enhver luftstegt fornøjelse. God appetit!

www.ingramcontent.com/pod-product-compliance
Lightning Source LLC
Chambersburg PA
CBHW071851110526
44591CB00011B/1376